平面解析几何方法与研究

第 2 卷

● 刘连璞　编著

哈尔滨工业大学出版社

内容简介

《平面解析几何方法与研究》一书全面系统地介绍了欧氏平面解析几何的有关重要内容,是作者参考了多种有关论著并结合自己的教学经验整理而成的.本书对进一步理解平面解析几何基本内容、拓宽知识面都有很大帮助.对于书中的难点和一般解析几何书中不常见到的内容作者都做了严谨而详细地论述,并配备了较多例题.每个例题都具有典型意义,是对正文的重要补充,这些例题对理解重要概念、掌握解析几何方法有重要作用.因此,本书是一本有价值的数学教学参考书.

本书可作为高中或师范院校学生的课外学习用书,也可供中学或师范院校青年教师参考之用.教师可以从中得到许多与解析几何教材密切联系的重要知识,有助于数学教学工作.

图书在版编目(CIP)数据

平面解析几何方法与研究. 第 2 卷/刘连璞编著. —哈尔滨:哈尔滨工业大学出版社,2015.6(2024.3 重印)
ISBN 978-7-5603-5176-6

Ⅰ.①平… Ⅱ.①刘… Ⅲ.①平面几何—解析几何—研究 Ⅳ.①O182.1

中国版本图书馆 CIP 数据核字(2015)第 015407 号

策划编辑	刘培杰 张永芹	
责任编辑	张永芹 李 欣	
封面设计	孙茵艾	
出版发行	哈尔滨工业大学出版社	
社 址	哈尔滨市南岗区复华四道街 10 号 邮编 150006	
传 真	0451-86414749	
网 址	http://hitpress.hit.edu.cn	
印 刷	哈尔滨圣铂印刷有限公司	
开 本	787mm×1092mm 1/16 印张 10.5 字数 166 千字	
版 次	2015 年 6 月第 1 版 2024 年 3 月第 3 次印刷	
书 号	ISBN 978-7-5603-5176-6	
定 价	38.00 元	

(如因印装质量问题影响阅读,我社负责调换)

绪 论

我们首先介绍一下解析几何的简单历史.究竟是谁建立了解析几何,它建立在什么年代,所有这些问题,都存在不同意见,这是因为在古代埃及、希腊、罗马时期的实际问题和某些研究中,实际上已经有了属于解析几何的某些内容.但大多数史学家都认为 17 世纪法国的两位数学家笛卡儿(Rene Descartes,1596—1650,哲学家、数学家)和费马(Pierre de Fermat,1601—1665,法学家、数学家)是解析几何的奠基人,并且主要是笛卡儿.一般认为笛卡儿于 1637 年发表的哲学著作《方法论》中的一个附录"几何学"是解析几何的创始作品,所以我们都认为解析几何建立于 1637 年.以后又经过数学家们,如牛顿(Isaac Newton,1642—1727,英国物理学家、数学家)、莱布尼兹(Gottfried Wilhelm Leibniz,1646—1716,德国哲学家、数学家)、欧拉(Leonhard Euler,1707—1783,瑞士数学家)等人一百多年的改进、补充,才逐渐形成了今天的解析几何.笛卡儿与费马之所以能建立解析几何,与他们所处的时代是分不开的.他们所处的时代正是中世纪(5 世纪中叶至 17 世纪中叶)欧洲文艺复兴的后期,这个时期的生产技术、自然科学、文学艺术都出现了新面貌,得到了新发展,所有这一切,都自然而然地对数学提出新问题,希望从数学中得到解决.这样,在数学中就必须研究曲线,就必须研究长度、面积、体积的计算,就必须研究变量与变量之间的函数关系.于是在数学中几乎同时引起了三个数学学科的建立,这就是笛卡儿和费马的解析几何与牛顿和莱布尼兹的微分学与积分学.这几种学科的建立,标志着数学从初等数学(常量数学)发展到了高等数学(变量数学).新学科的建立从本质上改变了整个数学的面貌,使得只用初等数学无法解决的问题变得易于解决了.

笛卡儿等人建立的解析几何有两个基本思想.一个是点的坐标的概念,通过这个概念把点和数联系起来;另一个是曲线方程的概念,通过这个概念把曲线和方程联系起来,这样就可以利用代数或分析的方法来研究几何图形的性质了,这对几何的发展起了巨大的推动作用.

所谓解析几何,通常是指应用代数方程来研究一些简单曲线(如直线、圆锥曲线等)的简单性质的几何.这样,解析几何与我们过去已经学过的初等几何的主要区别不在于它们所研究的对象,而在于研究这些对象时所使用的方法.解析几何使用的是代数解析法,即坐标法;而初等几何使用的是综合法,即古典公理法.现代研究几何还有一种方法,叫作(现代)公理法,这是一套纯理论方法,例如几何基础这个几何分支使用的就是这种方法.研究几何所使用的这些方法的区分并不是绝对的,我们很难划分出综合法与公理法的严格界线,同样,解析法与公理法也不免有混淆的地方.这样的分类不过是根据历史发展的进程而做出的一种不严密的分类而已.

前　言

平面解析几何是数学基础课程之一,它对进一步学习近代数学有密切关系.

编者在教学实践中,根据自己的教学经验,陆续积累了这方面的一些材料,本书就是把这些材料加以补充整理而成的.

本书各章节联系紧密,条理清楚,力图避免内容支离破碎.

本书较全面地介绍了欧氏平面解析几何的知识.例如,在第1章(直角坐标)介绍了有向线段、有向角及射影的基本原理;在第2章(曲线与方程)介绍了曲线的水平渐近线与垂直渐近线的求法;在第3章(直线)介绍了二元一次不等式表示的平面区域、二元二次方程表示两条直线的条件,并且详细讨论了中心直线束;在第4章(圆)介绍了极线、共轴圆系及平面上的反演变换;在第5章(椭圆)、第6章(双曲线)、第7章(抛物线)较详细地介绍了三种圆锥曲线的切线的性质以及极线;在第8章(坐标变换,二次曲线的一般理论)详细地介绍了二次曲线的不变量以及二次曲线的判定与方程的化简;在第9章(参数方程)详细介绍了二次曲线的渐近线、切线与直径;在第9章、第10章(极坐标)介绍了一些常用的经典曲线.斜角坐标这个内容,在普通解析几何书中很少论及,为此,本书在附录中做了初步介绍.

本书中的定理,凡在普通解析几何书中常见的,或容易证明的,一般不再予以证明;不常见的,都适当地给出了证明.证明力求严谨.

本书没有配备习题,但给出了一定数量的例题.这些例题都经过了精心的选择,这对深刻理解本书中的重要概念、掌握基本方法以及提高解题能力都有一定帮助.有的例题也是对正文内容的补充.

本书可作为学有余力的高中学生的课外学习用书,对扩大他们的知识面,提高学习兴趣有一定帮助;师范院校学生准备将来从事数学教学工作的,他们可以从本书中获得很多有助于教学的知识,为将来工作打好基础;本书也可供青年数学教师参考之用,对加深理解教材,丰富解析几何知识,提高驾驭解析几何方法的能力都有帮助.

编者衷心感谢北京教育学院杨大淳、张鸿顺两位教授,他们审阅了本书的初稿,并提出了宝贵的改进意见.特别要感谢北京大学数学科学学院姚孟臣副教授,他对本书的编写、出版,一直给予很大关心和帮助,并且详细审阅了本书的最后稿,使本书得到很大改进.

限于编者水平,书中不妥或疏漏在所难免,敬请读者批评指正.

刘连璞

目 录

第 5 章 椭圆 ··· 1
  5.1 椭圆的定义 ··· 1
  5.2 用平面截直圆锥面可以得到椭圆 ······················· 1
  5.3 椭圆的标准方程 ·· 2
  5.4 椭圆的基本性质及有关概念 ······························ 4
    5.4.1 对称性 ··· 4
    5.4.2 截距 ·· 4
    5.4.3 范围 ·· 4
    5.4.4 离心率 ··· 5
    5.4.5 椭圆的通径、焦半径 ······························· 6
    5.4.6 椭圆的准线 ·· 7
    5.4.7 椭圆的第二种定义 ································ 9
  5.5 点和椭圆的相关位置 ····································· 16
  5.6 椭圆的切线与法线 ·· 17
    5.6.1 曲线的切线的一般定义 ························ 17
    5.6.2 求曲线上已知点的切线方程的方法 ······· 18
    5.6.3 椭圆的切线方程 ·································· 19
    5.6.4 椭圆的切线和法线的性质及判定定理 ···· 23
  5.7 点关于椭圆的切点弦与极线 ··························· 27
    5.7.1 点关于椭圆的切点弦 ··························· 27

  5.7.2 点关于椭圆的极线 ……………………………………… 27
 5.8 椭圆的面积 ………………………………………………… 28

第6章 双曲线 …………………………………………………………… 30
 6.1 双曲线的定义 ……………………………………………… 30
 6.2 用平面截直圆锥面可以得到双曲线 ……………………… 30
 6.3 双曲线的标准方程 ………………………………………… 31
 6.4 双曲线的基本性质及有关概念 …………………………… 32
  6.4.1 对称性 …………………………………………………… 32
  6.4.2 截距 ……………………………………………………… 33
  6.4.3 范围 ……………………………………………………… 33
  6.4.4 渐近线 …………………………………………………… 33
  6.4.5 离心率 …………………………………………………… 34
  6.4.6 双曲线的通径、焦半径 ………………………………… 35
  6.4.7 双曲线的准线 …………………………………………… 35
  6.4.8 双曲线的第二种定义 …………………………………… 36
 6.5 等轴双曲线 ………………………………………………… 37
 6.6 共轭双曲线 ………………………………………………… 38
 6.7 点和双曲线的相关位置 …………………………………… 43
 6.8 双曲线的切线与法线 ……………………………………… 44
  6.8.1 双曲线的切线方程 ……………………………………… 44
  6.8.2 双曲线的切线和法线的性质及判定定理 ……………… 48
 6.9 点关于双曲线的切点弦与极线 …………………………… 51
  6.9.1 点关于双曲线的切点弦 ………………………………… 51
  6.9.2 点关于双曲线的极线 …………………………………… 51

第7章 抛物线 …………………………………………………………… 53
 7.1 抛物线的定义 ……………………………………………… 53
 7.2 用平面截直圆锥面可以得到抛物线 ……………………… 53
 7.3 抛物线的标准方程 ………………………………………… 55
 7.4 抛物线的基本性质及有关概念 …………………………… 56
  7.4.1 对称性 …………………………………………………… 56
  7.4.2 截距 ……………………………………………………… 56
  7.4.3 范围 ……………………………………………………… 57

7.4.4　离心率 ··· 57
　　　7.4.5　抛物线的通径、焦半径 ·· 58
7.5　点和抛物线的相关位置 ··· 62
7.6　抛物线的切线与法线 ·· 63
　　　7.6.1　抛物线的切线方程 ··· 63
　　　7.6.2　抛物线的切线和法线的性质及判定定理 ························ 67
7.7　点关于抛物线的切点弦与极线 ·· 68
　　　7.7.1　点关于抛物线的切点弦 ··· 68
　　　7.7.2　点关于抛物线的极线 ·· 69
7.8　抛物线弓形的面积 ··· 71

第8章　坐标变换，二次曲线的一般理论 ··· 75
8.1　坐标变换的概念 ·· 75
8.2　坐标轴的平移 ··· 75
　　　8.2.1　坐标轴的平移 ··· 75
　　　8.2.2　平移公式 ··· 75
　　　8.2.3　平移公式的基本应用 ·· 76
8.3　利用平移化简曲线方程 ·· 77
　　　8.3.1　代公式法（待定系数法）·· 77
　　　8.3.2　配方法 ·· 78
8.4　圆锥曲线的更一般的标准方程 ·· 78
　　　8.4.1　椭圆的更一般的标准方程 ··· 78
　　　8.4.2　双曲线的更一般的标准方程 ·· 81
　　　8.4.3　抛物线的更一般的标准方程 ·· 82
　　　8.4.4　缺坐标交叉项的二元二次方程的曲线 ···························· 86
8.5　坐标轴的旋转 ··· 87
　　　8.5.1　坐标轴的旋转 ··· 87
　　　8.5.2　旋转公式 ··· 87
　　　8.5.3　旋转公式的基本应用 ·· 87
8.6　坐标变换的一般公式 ·· 88
8.7　曲线的分类 ·· 93
8.8　二次曲线在直角坐标变换下的不变量与半不变量 ·························· 95
　　　8.8.1　二元二次方程的几个记号 ··· 95

    8.8.2　在直角坐标变换下二元二次方程的系数的变换 ………… 95

    8.8.3　二次曲线在直角坐标变换下的不变量与半不变量 ……… 97

8.9　二元二次方程的曲线 …………………………………………… 101

    8.9.1　二元二次方程的曲线 …………………………………… 101

    8.9.2　二元二次方程的曲线的判定 …………………………… 102

8.10　二次曲线方程的化简 ………………………………………… 108

    8.10.1　利用坐标变换化简二次曲线方程 …………………… 108

    8.10.2　利用不变量化简二次曲线的方程 …………………… 124

8.11　确定一条二次曲线的条件 …………………………………… 132

8.12　二次曲线系 …………………………………………………… 133

    8.12.1　三种二次曲线对于顶点的统一方程 ………………… 133

    8.12.2　共焦点的椭圆和双曲线系 …………………………… 135

第5章 椭　　圆

5.1　椭圆的定义

椭圆的定义不止一种,一般常用的有两种.这里先介绍第一种,另一种见 5.4 的 5.4.7.

定义 5.1　平面上到两个定点(不重合或重合)距离的和等于定长(当两个定点不重合时,定长大于两个定点间的距离[①])的点的轨迹叫作椭圆.两个定点都叫作椭圆的焦点.两个焦点间的距离叫作焦距.焦距的一半叫作半焦距(图 5.1).

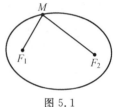

图 5.1

从这个定义可以看到:当椭圆的两个焦点重合(即焦距为 0)时,椭圆就变为圆.因此说,圆是焦距为 0 的椭圆.所以圆是椭圆的特殊情形,而椭圆是圆的推广.

5.2　用平面截直圆锥面可以得到椭圆

定理 5.1　不通过直圆锥面的顶点的一个平面截直圆锥面一叶的所有母线,所得的截痕是一个椭圆.

证明　分两种情形.

(1) 当截面和圆锥面的轴斜交时.

如图 5.2(a),在截面的两侧各作一球 S_1 和 S_2,使这两个球与截面各相切于点 F_1 和 F_2,与圆锥面各相切于圆 c_1 和圆 c_2(球与直圆锥面的各母线都相切时,切点的轨迹为圆).在截痕上任取一点 M,我们来证明 $|F_1M|+|F_2M|$ 是一个定长.为此,通过 M 作圆锥面的母线 VM,设 VM 和圆 c_1、圆 c_2 各相交于点 M_1 和

[①] 注意定义中定长大于不重合的两个定点间的距离这个条件.当定长等于这两个定点间的距离时,轨迹是以两个定点为端点的闭线段,而不是普通椭圆.这条线段可看作是椭圆的极限状态.

M_2,则
$$|F_1M|=|M_1M|, |F_2M|=|M_2M|$$
(从球外一点到球上引的切线的长相等),于是
$$|F_1M|+|F_2M|=|M_1M|+|M_2M|=|M_1M_2|=定长$$
这就证明了截痕上任意一点与 F_1 及 F_2 的距离的和总等于定长;又截痕是平面封闭曲线,所以截痕是以 F_1 及 F_2 为焦点的一个椭圆.①

(2) 当截面和圆锥面的轴垂直时.

如图 5.2(b),截痕为圆,从而也是椭圆.

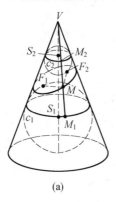
(a)

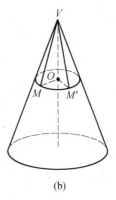
(b)

图 5.2

5.3 椭圆的标准方程

定理 5.2 若椭圆的两个焦点为 $F_1(-c,0)$ 和 $F_2(c,0)$(这里 $c \geqslant 0$),椭圆上任意一点与两个焦点距离的和为 $2a(a>c)$(图 5.3),则这椭圆的方程为
$$\frac{x^2}{a^2}+\frac{y^2}{b^2}=1 \tag{5.1}$$

若椭圆的两个焦点为 $F_1(0,-c)$ 和 $F_2(0,c)$,其他条件不变,则这椭圆(图 5.4)的方程为
$$\frac{x^2}{b^2}+\frac{y^2}{a^2}=1 \tag{5.2}$$

---

① 这个证明是比利时的两位数学家丹弟林(G. Dandelin,1794—1847)和盖特莱(A. Quetelet,1796—1874)在 1826 年给出的.

其中 b 和 a,c 的关系如下
$$a^2 = b^2 + c^2 \qquad (5.3)$$

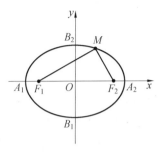
图 5.3

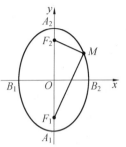
图 5.4

(5.1) 和 (5.2) 都叫作椭圆的标准方程(规范方程). (5.1) 和 (5.2) 分别叫作第一标准方程和第二标准方程,这时的坐标系叫作椭圆的标准坐标系.

(5.1) 和 (5.2) 这两个标准方程的形式完全一样,它们的区别仅仅在于等号左端两项中的分母大小不同:焦点在 x 轴上的椭圆的方程 (5.1) 中,x^2 项中的分母较 y^2 项中的分母大;焦点在 y 轴上的椭圆的方程 (5.2) 中,x^2 项中的分母较 y^2 项中的分母小. 在 (5.1) 和 (5.2) 中,当 $a=b$(即 $c=0$) 时,(5.1) 和 (5.2) 都变为 $x^2+y^2=a^2$,这是一个圆.

在这里我们还必须说一下,由 (5.1) 和 (5.2) 可知,凡形如
$$Ax^2 + Cy^2 = K \qquad (5.4)$$
并且 A,C 和 K 同号的方程一定表示椭圆.

为了讨论方便,我们对 (5.4) 做进一步说明. 仍设 A,C 同号,当 K 和 A,C 异号时,显然平面上任何点的坐标都不满足这个方程,所以这种方程没有实的图形. 为了方便,我们仍把它叫作椭圆. 为了和上面说过的椭圆相区别,把它叫作虚椭圆. 仍设 A,C 同号,当 $K=0$ 时,(5.4) 变为 $Ax^2+Cy^2=0$. 这时方程的左端可以分解为两个带有虚数系数的一次因式的乘积,因此它表示两条虚直线. 这两条虚直线相交于一个实点,就是原点,我们仍把它叫作椭圆. 为了和上面说过的两种椭圆相区别,把它叫作点椭圆和退缩椭圆(虚椭圆不是退缩椭圆). 这样,在 (5.4) 中,只要 A 和 C 同号,它就总表示椭圆.

5.4　椭圆的基本性质及有关概念

5.4.1　对称性

椭圆(5.1)关于 x 轴和 y 轴都对称,从而关于原点也对称.对椭圆(5.2)来说,情形完全一样.

由以上的讨论,我们给出以下的定义:椭圆的两条互相垂直的对称轴也叫作它的轴,其中两个焦点所在的轴叫作焦点轴.椭圆的对称中心也叫作它的中心.所以椭圆是一种中心型圆锥曲线.

5.4.2　截距

椭圆(5.1)的横截距为 $-a$ 和 a,即和 x 轴相交于点 $A_1(-a,0)$ 和 $A_2(a,0)$.纵截距为 $-b$ 和 b,即和 y 轴相交于点 $B_1(0,-b)$ 和 $B_2(0,b)$(图 5.3).椭圆(5.2)的横截距为 $-b$ 和 b,即和 x 轴相交于点 $B_1(-b,0)$ 和 $B_2(b,0)$.纵截距为 $-a$ 和 a,即和 y 轴相交于点 $A_1(0,-a)$ 和 $A_2(0,a)$(图 5.4).

由以上的讨论,我们给出以下的定义:椭圆和它的两条轴的交点都叫作它的顶点.椭圆(5.1)的四个顶点是 $A_1(-a,0),A_2(a,0),B_1(0,-b),B_2(0,b)$.椭圆(5.2)的四个顶点是 $A_1(0,-a),A_2(0,a),B_1(-b,0),B_2(b,0)$.椭圆(5.1)或(5.2)在它的焦点轴上截出的线段 A_1A_2 或这线段的长 $|A_1A_2|=2a$ 都叫作这椭圆的长轴.椭圆(5.1)或(5.2)在它的另一条轴上截出的线段 B_1B_2 或这线段的长 $|B_1B_2|=2b$ 都叫作这椭圆的短轴.长轴的一半(线段)或其长 a 都叫作这椭圆的长半轴.短轴的一半(线段)或其长 b 都叫作这椭圆的短半轴.

5.4.3　范围

椭圆(5.1)上的一切点位于直线 $x=\pm a$ 和 $y=\pm b$ 围成的矩形的边上或其内部.椭圆(5.2)上的一切点位于直线 $x=\pm b$ 和 $y=\pm a$ 围成的矩形的边上或其内部.

5.4.4 离心率

定义 5.2 椭圆的焦距($2c$)与长轴($2a$)的比叫作椭圆的离心率(即离心率 $e=\dfrac{c}{a}$).

由于 $0 \leqslant c < a$,所以 $0 \leqslant e < 1$,即椭圆的离心率是小于 1 的非负实数. 特别地,当 $e=0$ 时,就有 $c=0$,从而 $a=b$,这时椭圆(5.1)或(5.2)变成圆,所以,圆是离心率等于 0 的椭圆.

椭圆的形状和它的离心率的大小有关:当椭圆的离心率逐渐增大时,它的扁平程度也逐渐增加. 不难想象,若两个椭圆的离心率相等,那么,这两个椭圆相似. 我们来考虑椭圆

$$\frac{x^2}{a^2}+\frac{y^2}{b^2}=1 \quad \text{和} \quad \frac{x^2}{a'^2}+\frac{y^2}{b'^2}=1$$

设它们有相等的离心率:$\dfrac{c}{a}=\dfrac{c'}{a'}$,由此就可推出 $\dfrac{b}{a}=\dfrac{b'}{a'}=l$($l$ 代表比值). 如图 5.5,以原点 O 为端点作射线和两椭圆各相交于点 M,M',从 M,M' 各向 x 轴上引垂线段 MN 和 $M'N'$,则

$$\frac{|OM|}{|OM'|}=\frac{|ON|}{|ON'|}$$

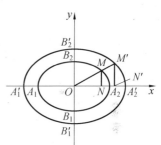

图 5.5

设这射线的斜率为 k,则 M 的坐标是方程组

$$\begin{cases} y=kx \\ \dfrac{x^2}{a^2}+\dfrac{y^2}{b^2}=1 \end{cases}$$

的解. 容易求得点 M 的横坐标的绝对值

$$|ON|=\frac{ab}{\sqrt{a^2k^2+b^2}}$$

又因为 $\dfrac{b}{a}=l$,即 $b=al$,所以

$$|ON|=\frac{a \cdot al}{\sqrt{a^2k^2+a^2l^2}}=\frac{al}{\sqrt{k^2+l^2}}$$

同样

$$|ON'| = \frac{a'l}{\sqrt{k^2+l^2}}$$

所以
$$|OM|:|OM'|=|ON|:|ON'|=a:a'=\text{定值}$$
所以这两个椭圆是位似图形,从而它们相似.

5.4.5　椭圆的通径、焦半径

联结椭圆上任意两点的线段叫作这个椭圆的弦.通过焦点的弦叫作这个椭圆的焦点弦(所以椭圆的长轴也是焦点弦).和长轴垂直的焦点弦叫作这个椭圆的通径(正焦弦).联结椭圆上任意一点与一个焦点的线段(或这线段的长)叫作椭圆在这点的焦半径.椭圆上任意一点有两条焦半径.

定理 5.3　椭圆(5.1)和(5.2)的通径的长为 $\frac{2b^2}{a}$.

定理 5.4　椭圆(5.1)上任意一点 $M(x',y')$ 的两条焦半径 F_1M 和 F_2M 的长各为
$$|F_1M|=a+ex',\quad |F_2M|=a-ex'$$
(对椭圆(5.2)来说,则有 $|F_1M|=a+ey'$, $|F_2M|=a-ey'$).

证明　以 $|F_1M|=a+ex'$ 为例.

由于点 $M(x',y')$ 在椭圆(5.1)上,所以有 $\frac{x'^2}{a^2}+\frac{y'^2}{b^2}=1$.由此得
$$y'^2=b^2\left(1-\frac{x'^2}{a^2}\right)$$

从而
$$|F_1M|=\sqrt{(x'+c)^2+y'^2}=\sqrt{(x'+c)^2+b^2\left(1-\frac{x'^2}{a^2}\right)}$$
$$=\sqrt{(b^2+c^2)+2cx'+\left(1-\frac{b^2}{a^2}\right)x'^2}$$
$$=\sqrt{a^2+2cx'+\frac{c^2}{a^2}x'^2}$$
$$=\sqrt{\left(a+\frac{c}{a}x'\right)^2}$$
$$=|a+ex'|$$

由于 $0\leqslant e<1$, $|x'|\leqslant a$,所以 $|ex'|<a$.从而

$$|F_1M| = a + ex'$$
$$|F_2M| = 2a - |F_1M| = 2a - (a+ex') = a - ex'$$

推论 如图 5.3,设 F_1,F_2 各为一个椭圆的左、右焦点, A_1,A_2 各为这个椭圆的左、右顶点,则焦半径 F_1A_1(或 F_2A_2)小于椭圆上任意一点 M 的焦半径;焦半径 F_1A_2(或 F_2A_1)大于椭圆上任意一点 M 的焦半径.

事实上,设 $M(x',y')$ 是椭圆(5.1)上的任意一点,则
$$|F_1M| = a + ex'$$
由此可见,当 x' 取得最小值时, $|F_1M|$ 也就取得最小值. x' 的最小值为 $-a$,这时 $|F_1M|$ 最小.可见 A_1 与 F_1 的距离最小(同样, A_2 与 F_2 的距离最小).当 x' 取得最大值时, $|F_1M|$ 也就取得最大值, x' 的最大值为 a,这时 $|F_1M|$ 最大.可见 A_2 与 F_1 的距离最大(同样, A_1 与 F_2 的距离最大).

5.4.6 椭圆的准线

对于椭圆 $\dfrac{x^2}{a^2} + \dfrac{y^2}{b^2} = 1$ 上任意一点 $M(x',y')$ 来说,我们已经证明了
$$|F_1M| = a + ex', \quad |F_2M| = a - ex'$$
以前者而论,由于
$$|F_1M| = a + ex' = e\left(\dfrac{a}{e} + x'\right)$$
所以有
$$\dfrac{|F_1M|}{\dfrac{a}{e} + x'} = e$$
而分母 $\dfrac{a}{e} + x'$ 恰是点 $M(x',y')$ 到直线 $x = -\dfrac{a}{e}$ 的距离,所以上面这个等式表明:椭圆 $\dfrac{x^2}{a^2} + \dfrac{y^2}{b^2} = 1$ 上任意一点 M 到焦点 $F_1(-c,0)$ 的距离 $|F_1M|$ 与它到直线 $x = -\dfrac{a}{e}$ 的距离的比总等于这个椭圆的离心率 e.以后者而论,由于
$$|F_2M| = a - ex' = e\left(\dfrac{a}{e} - x'\right)$$
所以有
$$\dfrac{|F_2M|}{\dfrac{a}{e} - x'} = e$$

而分母 $\dfrac{a}{e}-x'$ 恰是点 $M(x',y')$ 到直线 $x=\dfrac{a}{e}$ 的距离,所以上面这个等式表明:椭圆 $\dfrac{x^2}{a^2}+\dfrac{y^2}{b^2}=1$ 上任意一点 M 到焦点 $F_2(c,0)$ 的距离 $|F_2M|$ 与它到直线 $x=\dfrac{a}{e}$ 的距离的比总等于这个椭圆的离心率 e.

对于椭圆 $\dfrac{x^2}{b^2}+\dfrac{y^2}{a^2}=1$ 来说,直线 $y=-\dfrac{a}{e}$ 与直线 $y=\dfrac{a}{e}$ 有同样性质.

于是有以下的定理.

定理 5.5 椭圆 $\dfrac{x^2}{a^2}+\dfrac{y^2}{b^2}=1$ 上任意一点 M 到焦点 $F_1(-c,0)$ 的距离 $|F_1M|$ 与它到直线 $l_1:x=-\dfrac{a}{e}$ 的距离的比等于这椭圆的离心率 e;M 到焦点 $F_2(c,0)$ 的距离 $|F_2M|$ 与它到直线 $l_2:x=\dfrac{a}{e}$ 的距离的比等于离心率 e. 椭圆 $\dfrac{x^2}{b^2}+\dfrac{y^2}{a^2}=1$ 上任意一点 M 到焦点 $F_1(0,-c)$ 的距离 $|F_1M|$ 与它到直线 $l_1:y=-\dfrac{a}{e}$ 的距离的比等于这椭圆的离心率 e;M 到焦点 $F_2(0,c)$ 的距离 $|F_2M|$ 与它到直线 $l_2:y=\dfrac{a}{e}$ 的距离的比等于离心率 e(图 5.6).

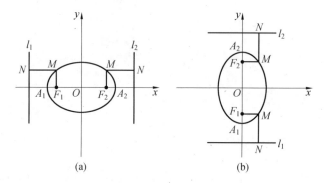

图 5.6

由定理 5.5,我们给出以下的定义.

定义 5.3 对椭圆(5.1)来说,直线 $l_1:x=-\dfrac{a}{e}$(即 $x=-\dfrac{a^2}{c}$)和 $l_2:x=\dfrac{a}{e}$(即 $x=\dfrac{a^2}{c}$)都叫作这个椭圆的准线. 为了叙述方便,我们把前者叫作左准线,

后者叫作右准线. 对椭圆 (5.2) 来说, 直线 $l_1:y=-\dfrac{a}{e}$ (即 $y=-\dfrac{a^2}{c}$) 和 $l_2:y=\dfrac{a}{e}$ (即 $y=\dfrac{a^2}{c}$) 都叫作这个椭圆的准线. 前者叫作下准线, 后者叫作上准线.

F_1 和 l_1, F_2 和 l_2 各叫作椭圆的同侧的焦点和准线. 由于 $-\dfrac{a}{e}<-a, \dfrac{a}{e}>a$, 所以 l_1 在左(下)顶点 A_1 之左(下); l_2 在右(上)顶点 A_2 之右(上).

圆没有准线.

5.4.7 椭圆的第二种定义

由 5.4.6 的讨论. 我们给出以下的定义.

定义 5.4 平面上到一个定点的距离与到一条定直线(定点不在这定直线上)的距离的比为 0 与 1 之间的一个常数的点的轨迹叫作椭圆. 定点叫作椭圆的焦点, 定直线叫作椭圆的准线, 0 与 1 之间的这个常数叫作椭圆的离心率.

现在证明, 椭圆的两个定义在一般情形下等价.

由定理 5.5, 椭圆 $\dfrac{x^2}{a^2}+\dfrac{y^2}{b^2}=1(a>b)$ 上任意一点到点 $F_1(-c,0)$ 的距离与到直线 $l_1:x=-\dfrac{a}{e}$ 的距离的比为常数 e. 这实际上证明了: 若一点与不重合两点的距离的和等于定长, 则这点到一定点的距离与到不通过这定点的一条定直线的距离的比为 0 与 1 之间的一个常数.

反过来, 还要证明, 若一点到一个定点的距离与到不通过这定点的一条定直线的距离的比为 0 与 1 之间的一个常数, 则这点到不重合两点距离的和等于定长.

设 F_1 是定点, l_1 是定直线(l_1 不通过 F_1), $e(0<e<1)$ 是一个常数. 如图 5.7, 从 F_1 作 l_1 的垂线, 垂足为 G. 在线段 F_1G 上取点 A_1, 使 A_1 内分 $\overline{F_1G}$ 的比为 e. 在线段 GF_1 的延长线上取点 A_2, 使 A_2 外分 $\overline{F_1G}$ 的比为 $-e$. 由于 F_1 是定点, l_1 是定直线, e 是常数, 所以 A_1, A_2 都是定点, 从而 $|A_1A_2|$ 是定长. 令 $|A_1A_2|=2a$, 取线段

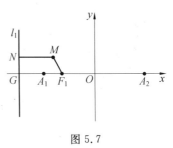

图 5.7

A_1A_2 的中点 O，则 $|OA_1|=a$. 因 $|F_1A_1|:|A_1G|=e$，所以 $|F_1A_1|=\dfrac{e|F_1G|}{1+e}$. 因 $|F_1A_2|:|A_2G|=e$，所以 $|F_1A_2|=\dfrac{e|F_1G|}{1-e}$，于是

$$2a=|F_1A_1|+|F_1A_2|=\left(\dfrac{e}{1+e}+\dfrac{e}{1-e}\right)|F_1G|$$
$$=\dfrac{2e}{1-e^2}|F_1G|$$

所以
$$|F_1G|=\dfrac{(1-e^2)a}{e}$$

由此得
$$|F_1A_1|=\dfrac{e|F_1G|}{1+e}=(1-e)a$$
$$|A_1G|=\dfrac{|F_1A_1|}{e}=\dfrac{(1-e)a}{e}$$

这样
$$|OF_1|=|OA_1|-|F_1A_1|=a-(1-e)a=ea$$
$$|OG|=|OA_1|+|A_1G|=a+\dfrac{(1-e)a}{e}=\dfrac{a}{e}$$

于是 $|OF_1|$，$|OG|$ 都用已知数 a 和 e 表示出来了.

现在建立直角坐标系：取 O 为原点，有向直线 A_1A_2 为横轴. 则 F_1 的坐标为 $(-ea,0)$，l_1 的方程为 $x=-\dfrac{a}{e}$. 设点 $M(x,y)$ 到 F_1 和 l_1 的距离的比为 e，作 MN 垂直 l_1 于点 N，则

$$|F_1M|=\sqrt{(x+ea)^2+y^2}, \quad |MN|=\left|x+\dfrac{a}{e}\right|$$

由于 $|F_1M|=e|MN|$，所以有
$$\sqrt{(x+ea)^2+y^2}=e\left|x+\dfrac{a}{e}\right|=|ex+a|$$

两端平方，得
$$(x+ea)^2+y^2=(ex+a)^2$$
即
$$(1-e^2)x^2+y^2=a^2(1-e^2)$$

由于 $0<e<1$，所以 $1-e^2>0$，于是以上方程可写成
$$\dfrac{x^2}{a^2}+\dfrac{y^2}{a^2(1-e^2)}=1$$

因 $a\sqrt{1-e^2}>0$，用 b 表示这个正数：$a\sqrt{1-e^2}=b$，则上式变为
$$\frac{x^2}{a^2}+\frac{y^2}{b^2}=1$$
这个等式说明，若一点到一个定点的距离与到不通过这定点的一条定直线的距离的比为0与1之间的一个常数，则这点在前一定义下的一个椭圆上，从而这点到不重合两点的距离的和等于定长.

这就证明了，到不重合两定点距离的和等于定长的点的轨迹和到一定点的距离与到不通过这定点的一条定直线的距离的比为0与1之间的一个常数的点的轨迹是同类曲线，从而椭圆的两个定义在一般情形下等价.

在第二定义下，椭圆 $\frac{x^2}{a^2}+\frac{y^2}{b^2}=1$ 还有第二焦点 $F_2(ea,0)$ 和第二准线 $l_2:x=\frac{a}{e}$，即由 F_2 和 l_2 也产生同一椭圆.

需注意，椭圆的第二定义不包括圆在内，所以椭圆的这两个定义只是在一般情形下等价.

最后我们还要谈到一个问题. 在 5.2 中，我们证明了，用一个平面截直圆锥面可以得到椭圆. 可以证明，在图 5.2(a) 中，椭圆所在平面与圆 c_1 所在平面及与圆 c_2 所在平面的两条交线是椭圆的两条准线.[①]

例 5.1 已知 $M(1,1)$ 是椭圆 $\frac{x^2}{6}+\frac{y^2}{5}=1$ 内部一点，通过 M 的一条弦被 M 平分，求这弦所在直线的方程.

解 设被点 $M(1,1)$ 平分的弦的两个端点分别为 (x_1,y_1) 和 (x_2,y_2)，则以下的两个等式成立
$$\frac{x_1^2}{6}+\frac{y_1^2}{5}=1,\frac{x_2^2}{6}+\frac{y_2^2}{5}=1$$
这两个等式相减，得
$$\frac{1}{6}(x_1^2-x_2^2)+\frac{1}{5}(y_1^2-y_2^2)=0$$
即
$$\frac{1}{6}(x_1+x_2)(x_1-x_2)+\frac{1}{5}(y_1+y_2)(y_1-y_2)=0 \qquad (5.5)$$
由于这弦的中点为 $M(1,1)$，所以有

[①] 参考 D·希尔伯特与 S·康福森合著的《直观几何》第一章的附录 2.

$$\frac{1}{2}(x_1+x_2)=1, \frac{1}{2}(y_1+y_2)=1 \qquad (5.6)$$

把(5.6)代入(5.5),得

$$\frac{1}{6}\times 2(x_1-x_2)+\frac{1}{5}\times 2(y_1-y_2)=0$$

由此得弦所在直线的斜率

$$\frac{y_1-y_2}{x_1-x_2}=-\frac{5}{6}$$

所以弦所在直线的方程为

$$y-1=-\frac{5}{6}(x-1)$$

即

$$5x+6y-11=0$$

例 5.2 已知椭圆 $\dfrac{x^2}{a^2}+\dfrac{y^2}{b^2}=1$ 的两个焦点为 F_1 和 F_2,M 是这椭圆上一点,若 $\angle MF_1F_2=\alpha$,$\angle MF_2F_1=\beta$,求证:

(1) $e=\dfrac{\cos\dfrac{1}{2}(\alpha+\beta)}{\cos\dfrac{1}{2}(\alpha-\beta)}$;

(2) $\dfrac{1-e}{1+e}=\tan\dfrac{\alpha}{2}\tan\dfrac{\beta}{2}$.

证明 (1) 如图 5.8,在 $\triangle MF_1F_2$ 中应用正弦定理,得

$$\frac{|F_1M|}{\sin\beta}=\frac{|F_2M|}{\sin\alpha}=\frac{|F_1F_2|}{\sin(\alpha+\beta)}$$

应用等比定理,得

$$\frac{2a}{\sin\alpha+\sin\beta}=\frac{2c}{\sin(\alpha+\beta)}$$

从而

$$e=\frac{c}{a}=\frac{\sin(\alpha+\beta)}{\sin\alpha+\sin\beta}$$

$$=\frac{2\sin\dfrac{1}{2}(\alpha+\beta)\cos\dfrac{1}{2}(\alpha+\beta)}{2\sin\dfrac{1}{2}(\alpha+\beta)\cos\dfrac{1}{2}(\alpha-\beta)}$$

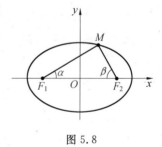

图 5.8

$$= \frac{\cos\frac{1}{2}(\alpha+\beta)}{\cos\frac{1}{2}(\alpha-\beta)}$$

(2) 应用(1) 的结果

$$\frac{1-e}{1+e} = \frac{1-\dfrac{\cos\frac{1}{2}(\alpha+\beta)}{\cos\frac{1}{2}(\alpha-\beta)}}{1+\dfrac{\cos\frac{1}{2}(\alpha+\beta)}{\cos\frac{1}{2}(\alpha-\beta)}}$$

$$= \frac{\cos\frac{1}{2}(\alpha-\beta) - \cos\frac{1}{2}(\alpha+\beta)}{\cos\frac{1}{2}(\alpha-\beta) + \cos\frac{1}{2}(\alpha+\beta)}$$

$$= \frac{2\sin\frac{\alpha}{2}\sin\frac{\beta}{2}}{2\cos\frac{\alpha}{2}\cos\frac{\beta}{2}}$$

$$= \tan\frac{\alpha}{2}\tan\frac{\beta}{2}$$

例 5.3 P 是椭圆 $\dfrac{x^2}{a^2} + \dfrac{y^2}{b^2} = 1$ 上一点,F_1,F_2 是焦点,设 $\angle F_1 P F_2 = 2\theta$.

(1) 求证:$|F_1P| \cdot |F_2P| \cos^2\theta = b^2$;

(2) 求 $|F_1P| \cdot |F_2P|$ 的最大值与最小值.

证明 (1) 在 $\triangle P F_1 F_2$ 中应用余弦定理,得

$$\cos 2\theta = \frac{|F_1P|^2 + |F_2P|^2 - |F_1F_2|^2}{2|F_1P| \cdot |F_2P|}$$

所以

$$\cos^2\theta = \frac{\cos 2\theta + 1}{2} = \frac{1}{2}\left(\frac{|F_1P|^2 + |F_2P|^2 - |F_1F_2|^2}{2|F_1P| \cdot |F_2P|} + 1\right)$$

$$= \frac{|F_1P|^2 + |F_2P|^2 + 2|F_1P| \cdot |F_2P| - |F_1F_2|^2}{4|F_1P| \cdot |F_2P|}$$

$$= \frac{(|F_1P| + |F_2P|)^2 - |F_1F_2|^2}{4|F_1P| \cdot |F_2P|}$$

$$= \frac{4a^2 - 4c^2}{4|F_1P| \cdot |F_2P|} = \frac{b^2}{|F_1P| \cdot |F_2P|}$$

于是有
$$|F_1P|\cdot|F_2P|\cos^2\theta=b^2$$

(2) 当 $\theta=0$ 时，$\cos^2\theta$ 最大，即 P 重合于椭圆的长轴的端点之一时，$|F_1P|\cdot|F_2P|$ 最小，最小值为 b^2，又

$$|F_1P|\cdot|F_2P|\leqslant\frac{1}{2}(|F_1P|^2+|F_2P|^2)$$
$$=\frac{1}{2}(4a^2-2|F_1P|\cdot|F_2P|)$$

($|F_1P|+|F_2P|=2a$)，所以
$$|F_1P|\cdot|F_2P|\leqslant a^2$$

当且仅当 $|F_1P|=|F_2P|$ 时等号成立，故 P 重合于椭圆的短轴的端点之一时，$|F_1P|\cdot|F_2P|$ 最大，最大值为 a^2.

例 5.4　证明：一个圆在平面上的正射影在一般情形下是一个椭圆.

证明　如图 5.9，设圆所在平面 Π 和射影平面 π 相交于直线 x，它们所成的锐二面角为 φ. 在直线 x 上取一点 O，以 O 为原点，以 x 为横轴在平面 Π 和 π 上各建立直角坐标系 OxY 和 Oxy 并且它们有相同的长度单位. 不妨设 Π 上的圆的圆心为 O，方程为 $X^2+Y^2=R^2$. 在这圆上任取一点 $P(X,Y)$，设 P 在 π 上的正射影为 $p(x,y)$. 在 π 上作 pA 垂直 x 轴于点 A，联结线段 PA，则 $PA\perp x$ 轴（三垂线定理），所以 $\angle pAP$ 是 Π 和 π 所成的锐二面角的平面角，所以 $\angle pAP=\varphi$. 显然

$$X=x,\quad Y=\frac{y}{\cos\varphi}$$

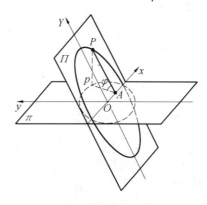

图 5.9

由于点 (X,Y) 在圆 $X^2+Y^2=R^2$ 上，所以有
$$x^2+\left(\frac{y}{\cos\varphi}\right)^2=R^2$$
由此得
$$\frac{x^2}{R^2}+\frac{y^2}{(R\cos\varphi)^2}=1$$
这是平面 Π 上的圆 $X^2+Y^2=R^2$ 在平面 π 上的正射影的方程．由这个方程看到，一个圆在平面上的正射影在一般情形下是一个椭圆．椭圆的长轴等于已知圆的直径，而短轴等于已知圆的直径与 $\cos\varphi$ 的乘积，这个椭圆的离心率
$$e=\frac{\sqrt{R^2-R^2\cos^2\varphi}}{R}=\frac{\sqrt{R^2\sin^2\varphi}}{R}=\sin\varphi$$
以上是一般情形，还有两种特殊情形：当 Π 和 π 平行时，圆在 π 上的正射影是和它自身相等的圆．当 Π 和 π 互相垂直时，$x=X,y=0$．而 $-R\leqslant X\leqslant R$，所以
$$-R\leqslant x\leqslant R, \text{且 } y=0$$
从这个结果看到：这时圆的正射影是一条闭线段，它的长等于已知圆的直径．

例 5.5 已知椭圆的长轴为 $2a$，短轴为 $2b$，画这椭圆的一种方法如下：如图 5.10，作矩形 $PQRS$，使 $|PQ|=|RS|=2a$，$|PS|=|QR|=2b$．取四边的中点 B_2,A_1,B_1,A_2，联结线段 A_1A_2,B_1B_2，设这两条线段相交于点 O，把线段 PB_2 和线段 OB_2 各分为 n 等分，PB_2 上的分点从右到左依次是 $P_1,P_2,P_3,\cdots,OB_2$ 上的分点从下到上依次是 $Q_1,Q_2,Q_3,\cdots$．设直线 $A_2P_1,A_2P_2,A_2P_3,\cdots$ 各与直线 $A_1Q_1,A_1Q_2,A_1Q_3,\cdots$ 依次相交于点 $M_1,M_2,M_3,\cdots$，则 $M_1,M_2,M_3,\cdots$ 都是椭圆上的点．用同样方法可以作出椭圆在其余三个小矩形内的一些点．又 A_1,A_2,B_1,B_2 也是椭圆上的点．用平滑曲线顺势联结以上画出的各点，就得到所要画的椭圆的近似形象．

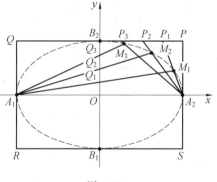

图 5.10

证明 如图 5.10 建立直角坐标系．以矩形 OA_2PB_2 内的点为例，考虑直线 A_2P_i 与 A_1Q_i 的交点 M_i．A_2 的坐标为 $(a,0)$，P_i 的坐标为 $\left(\frac{n-i}{n}a,b\right)$，故直线 A_2P_i 的方程为 $y=-\frac{nb}{ia}(x-a)$．A_1 的坐标为 $(-a,0)$，Q_i 的坐标为 $\left(0,\frac{i}{n}b\right)$，所

以直线 A_1Q_i 的方程为 $y = \frac{ib}{na}(x+a)$. 设点 M_i 的坐标为 (x_i, y_i)，那么

$$y_i = -\frac{nb}{ia}(x_i - a), y_i = \frac{ib}{na}(x_i + a)$$

把这两个等式左右分别相乘，得

$$y_i^2 = -\frac{b^2}{a^2}(x_i^2 - a^2)$$

即

$$\frac{x_i^2}{a^2} + \frac{y_i^2}{b^2} = 1$$

这个等式表明，交点 M_i 是椭圆 $\frac{x^2}{a^2} + \frac{y^2}{b^2} = 1$ 上的点.

用类似的方法可以证明其余三个小矩形内的交点也都是这个椭圆上的点. 又 A_1, A_2, B_1, B_2 是这椭圆的顶点. 所以上面的画法正确.

上述画法叫作画椭圆的"矩形法".

5.5 点和椭圆的相关位置

定义 5.5 如果一点与椭圆的两个焦点的距离的和等于这个椭圆的长轴，就说这点在椭圆上；如果一点与椭圆的两个焦点的距离的和小于这个椭圆的长轴，就说这点在椭圆内；如果一点与椭圆的两个焦点的距离的和大于这个椭圆的长轴，就说这点在椭圆外.

如图 5.11 中的点 M 在椭圆内，点 N 在椭圆外. 显然点与圆的相关位置的定义是上述定义的特例.

椭圆内的点（内点）的集合叫作椭圆的内域，椭圆外的点（外点）的集合叫作椭圆的外域.

以上述定义为依据，用反证法容易证明以下定理.

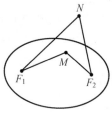

图 5.11

定理 5.6 当一个点在椭圆上时，则这点与椭圆的两个焦点的距离的和等于椭圆的长轴；当一个点在椭圆内时，则这点与椭圆的两个焦点的距离的和小于椭圆的长轴；当一个点在椭圆外时，则这点与椭圆的两个焦点的距离的和大于椭圆的长轴.

由这个定理容易推出以下的定理.

定理 5.7 设点 M 的坐标为 (x_0, y_0)，椭圆的方程为 $\frac{x^2}{a^2} + \frac{y^2}{b^2} = 1$，则：

(1) 当点 M 在椭圆上时，$\dfrac{x_0^2}{a^2}+\dfrac{y_0^2}{b^2}=1$；

(2) 当点 M 在椭圆内时，$\dfrac{x_0^2}{a^2}+\dfrac{y_0^2}{b^2}<1$；

(3) 当点 M 在椭圆外时，$\dfrac{x_0^2}{a^2}+\dfrac{y_0^2}{b^2}>1$.

并且反过来也成立.

5.6 椭圆的切线与法线

5.6.1 曲线的切线的一般定义

首先注意，和曲线只有一个公共点的直线，未必是曲线的切线；和曲线有一个以上的公共点的直线，未必不是曲线的切线.

定义 5.6 如图 5.12，设 M 是曲线 C 上的一个已知点，在曲线 C 上点 M 的附近另取一点 N，通过点 M 和 N 作曲线 C 的割线 MN. 令点 N 沿曲线 C 以任何方式逐渐趋近于点 M，若割线 MN 趋近于通过点 M 的某一直线 MT（即 MN 与 MT 之间的角趋近于 0），那么，割线 MN 的极限位置 MT 叫作曲线 C 在点 M 的切线，并说 MT 与曲线 C 在点 M 相切，点 M 叫作切点.

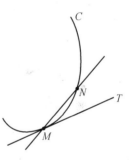

图 5.12

关于这个定义，我们说明以下几个问题：

(1) 当点 N 沿曲线 C 趋近于已知点 M 时，割线 MN 未必有极限位置，即曲线 C 在点 M 的切线未必存在. 例如，图 5.13 中，曲线 C 上的点 M 是它的一个尖点（角点），我们考虑曲线 C 在点 M 的切线. 在 C 上点 M 的一侧取一点 N，当 N 沿曲线 C 趋近于点 M 时，割线 MN 趋近于通过 M 的一条直线 MT. 若在 C 上点 M 的另一侧取一点 P，当 P 沿曲线 C 趋近于点 M 时，割线 MP 趋近于通过 M 的一条直线 MS，而直线 MT 与 MS 不同，所以在这种情形下，曲线 C 在点 M 的切线不存在.

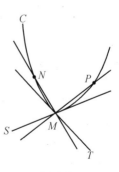

图 5.13

(2) 对于上面(1)举的例解释一下.

割线 MN 和 MP 各自趋近的两条直线 MT 和 MS 叫作曲线 C 在点 M 的单侧切线.当而且只当曲线 C 在点 M 的两条单侧切线都存在,并且它们重合时,曲线 C 在点 M 的切线才存在.

(3) 一条曲线在某一点的切线和曲线可以恰有一个公共点,也可以有很多个公共点,甚至和曲线部分重合(例如直线上每点的切线都和直线重合).

定义 5.7 若曲线 C 在一点 M 的切线 MT 存在,通过点 M 和切线 MT 垂直的直线 MN 叫作曲线 C 在点 M 的法线.

5.6.2 求曲线上已知点的切线方程的方法

设 $M(x_0, y_0)$ 是曲线 $C: F(x, y) = 0$ 上的一个已知点,要求曲线 C 在点 M 的切线方程,关键是求出这点的切线的斜率.求斜率的方法如下:

(1) 在曲线 C 上已知点 $M(x_0, y_0)$ 的附近另取一点 N,并且设 N 的坐标为 $(x_0 + \Delta x, y_0 + \Delta y)$,于是割线 MN 的斜率等于

$$\frac{(y_0 + \Delta y) - y_0}{(x_0 + \Delta x) - x_0} = \frac{\Delta y}{\Delta x}$$

(2) 令 $\Delta x \to 0, \Delta y \to 0$,求 $\dfrac{\Delta y}{\Delta x}$ 的极限: $\lim\limits_{\substack{\Delta x \to 0 \\ \Delta y \to 0}} \dfrac{\Delta y}{\Delta x}$.如果极限存在,则这极限是曲线 C 在点 M 的切线的斜率.

事实上,如图 5.14,当 $\Delta x \to 0, \Delta y \to 0$ 时,则点 N 沿曲线 C 趋近于点 M,这时割线 MN 趋近于点 M 的切线 MT,从而 MN 的倾斜角 β 趋近于切线 MT 的倾斜角 α,所以 $\tan \beta$ 趋近于 $\tan \alpha$,即 MN 的斜率趋近于 MT 的斜率,从而 $\lim\limits_{\substack{\Delta x \to 0 \\ \Delta y \to 0}} \dfrac{\Delta y}{\Delta x}$ 为 MT 的斜率.

求出切线的斜率以后,就可以得到切线的方程.

若 $\lim\limits_{\substack{\Delta x \to 0 \\ \Delta y \to 0}} \dfrac{\Delta y}{\Delta x} = \infty$,则表明切线垂直于 x 轴.

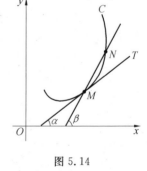

图 5.14

例 5.6 求曲线 $xy = x + 3$ 在点 $M(3, 2)$ 的切线方程.

解 在曲线上点 $M(3, 2)$ 附近另取一点 $N(3 + \Delta x, 2 + \Delta y)$,则割线 MN 的斜率为 $\dfrac{\Delta y}{\Delta x}$.由于 M, N 都在已知曲线上,所以下面的两个等式成立

$$3 \times 2 = 3 + 3$$
$$(3 + \Delta x)(2 + \Delta y) = (3 + \Delta x) + 3$$

把这两个等式左右各相减,得

$$2 \cdot \Delta x + 3 \cdot \Delta y + \Delta x \cdot \Delta y = \Delta x$$

(这个等式只由上面的第二个等式也可得到),由此得

$$(3 + \Delta x)\Delta y = -\Delta x \quad (\text{或} \ 3 \cdot \Delta y = (-1 - \Delta y)\Delta x)$$

所以有

$$\frac{\Delta y}{\Delta x} = -\frac{1}{3 + \Delta x} \left(\text{或} \ \frac{\Delta y}{\Delta x} = -\frac{1 + \Delta y}{3} \right)$$

因此切线的斜率

$$k = \lim_{\Delta x \to 0} \left(-\frac{1}{3 + \Delta x} \right) = -\frac{1}{3}$$

$$\left(\text{或} \ k = \lim_{\Delta y \to 0} \left(-\frac{1 + \Delta y}{3} \right) = -\frac{1}{3} \right)$$

所以已知曲线在已知点 $M(3,2)$ 的切线方程为

$$y - 2 = -\frac{1}{3}(x - 3)$$

即

$$x + 3y - 9 = 0$$

5.6.3 椭圆的切线方程

1. 椭圆上一点的切线方程

定理 5.8 椭圆

$$\frac{x^2}{a^2} + \frac{y^2}{b^2} = 1 \quad \text{或} \quad \frac{x^2}{b^2} + \frac{y^2}{a^2} = 1$$

上一点 $M(x_0, y_0)$ 的切线方程分别为

$$\frac{x_0 x}{a^2} + \frac{y_0 y}{b^2} = 1 \quad \text{和} \quad \frac{x_0 x}{b^2} + \frac{y_0 y}{a^2} = 1$$

推论 椭圆 $Ax^2 + Cy^2 = K$（A, C, K 同号）上一点 $M(x_0, y_0)$ 的切线方程为

$$Ax_0 x + Cy_0 y = K$$

由定理 5.8 知,求椭圆上一点的切线方程仍可用"替换法则".

例 5.7 一个椭圆以两条坐标轴为轴,并且和直线 $x+y=5$ 及 $x-4y=10$ 都相切,求这椭圆的方程.

解 设椭圆的方程为
$$\frac{x^2}{A}+\frac{y^2}{B}=1$$
又设直线 $x+y=5$ 和 $x-4y=10$ 与这椭圆各相切于点 (x_1,y_1) 和 (x_2,y_2),于是 $\frac{x_1 x}{A}+\frac{y_1 y}{B}=1$ 和 $x+y=5$ 表示同一直线,$\frac{x_2 x}{A}+\frac{y_2 y}{B}=1$ 和 $x-4y=10$ 表示同一直线,所以有
$$\frac{Bx_1}{1}=\frac{Ay_1}{1}=\frac{AB}{5}, \qquad \frac{Bx_2}{1}=\frac{Ay_2}{-4}=\frac{AB}{10}$$
由此得
$$x_1=\frac{A}{5}, y_1=\frac{B}{5}; x_2=\frac{A}{10}, y_2=-\frac{2B}{5}$$

因为 (x_1,y_1) 和 (x_2,y_2) 都在所求椭圆上,所以有
$$\frac{\left(\frac{A}{5}\right)^2}{A}+\frac{\left(\frac{B}{5}\right)^2}{B}=1$$
$$\frac{\left(\frac{A}{10}\right)^2}{A}+\frac{\left(-\frac{2B}{5}\right)^2}{B}=1$$
由此得
$$\begin{cases} A+B=25 \\ A+16B=100 \end{cases}$$
解这个方程组,得 $A=20, B=5$. 所以椭圆的方程为
$$\frac{x^2}{20}+\frac{y^2}{5}=1$$

2. 椭圆的已知斜率的切线方程

定理 5.9 椭圆
$$\frac{x^2}{a^2}+\frac{y^2}{b^2}=1$$
或

$$\frac{x^2}{b^2} + \frac{y^2}{a^2} = 1$$

的斜率为 k 的切线方程分别为

$$y = kx \pm \sqrt{a^2k^2 + b^2}$$

和

$$y = kx \pm \sqrt{b^2k^2 + a^2}$$

注 前一椭圆的斜率为 k 的两条切线上的两个切点各为 $\left(\dfrac{-a^2k}{\sqrt{a^2k^2+b^2}}, \dfrac{b^2}{\sqrt{a^2k^2+b^2}}\right)$ 和 $\left(\dfrac{a^2k}{\sqrt{a^2k^2+b^2}}, \dfrac{-b^2}{\sqrt{a^2k^2+b^2}}\right)$.

例 5.8 椭圆 $\dfrac{x^2}{a^2} + \dfrac{y^2}{b^2} = 1$ 的一条切线与 x 轴,y 轴分别相交于点 A,B,求 $|AB|$ 的最小值;并求这时切线的斜率.

解 设已知椭圆的切线方程为

$$y = kx + \sqrt{a^2k^2 + b^2}$$

切线与 x 轴的交点 A 的横坐标为 $-\dfrac{1}{k}\sqrt{a^2k^2 + b^2}$,与 y 轴的交点 B 的纵坐标为 $\sqrt{a^2k^2 + b^2}$,注意到

$$a^2k^2 + \frac{b^2}{k^2} = (ak)^2 + \left(\frac{b}{k}\right)^2 \geqslant 2ab$$

就有

$$|AB| = \sqrt{\left(a^2 + \frac{b^2}{k^2}\right) + (a^2k^2 + b^2)}$$

$$\geqslant \sqrt{a^2 + b^2 + 2ab} = a + b$$

所以 $|AB|$ 的最小值为 $a+b$.

当而且只当 $ak = \dfrac{b}{k}$ 时,即当 $k = \pm\sqrt{\dfrac{b}{a}}$ 时,$|AB|$ 取得最小值.

例 5.9 求椭圆 $\dfrac{x^2}{a^2} + \dfrac{y^2}{b^2} = 1$ 的两条垂直切线的交点的轨迹.

解 设一条切线的斜率为 k,则另一条切线的斜率为 $-1/k$,所以一条切线的方程为

$$y = kx + \sqrt{a^2k^2 + b^2} \tag{5.7}$$

另一条切线的方程为

$$y = -\frac{1}{k}x + \sqrt{a^2\left(-\frac{1}{k}\right)^2 + b^2} \qquad (5.8)$$

要求(5.7)和(5.8)的交点的轨迹的方程,只需由(5.7)和(5.8)消去 k 即可. 为此,把(5.7)和(5.8)各改写为

$$-kx + y = \sqrt{a^2k^2 + b^2}, \quad x + ky = \sqrt{a^2 + b^2 k^2}$$

把这两个方程的两端各平方,然后左右分别相加,得

$$(1+k^2)(x^2+y^2) = (1+k^2)(a^2+b^2)$$

消去 $1+k^2$,便得

$$x^2 + y^2 = a^2 + b^2$$

由此可知,椭圆的两条垂直切线的交点的轨迹是一个圆,这个圆和已知椭圆有共同中心,半径等于椭圆的长轴的一端与短轴的一端之间的距离. 这个圆叫作这个椭圆的准圆(切距圆).

3. 从已知点到已知椭圆引的切线的方程

定理 5.10 从已知点 $M(x_0, y_0)$ 到已知椭圆 $\dfrac{x^2}{a^2} + \dfrac{y^2}{b^2} = 1$ 引的切线的方程为

$$\left(\frac{x_0^2}{a^2} + \frac{y_0^2}{b^2} - 1\right)\left(\frac{x^2}{a^2} + \frac{y^2}{b^2} - 1\right) = \left(\frac{x_0 x}{a^2} + \frac{y_0 y}{b^2} - 1\right)^2$$

例 5.10 如图 5.15,从点 $M\left(\dfrac{a^2}{c}, \sqrt{a^2+b^2}\right)$ 到椭圆 $\dfrac{x^2}{a^2} + \dfrac{y^2}{b^2} = 1$ 引两条切线,通过与 M 距离较近的焦点 $F_2(c,0)$ 引焦点轴的垂线,与从 M 引的两条切线各相交于点 P 和 Q,求证: $|PQ| = 2a$.

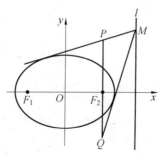

图 5.15

证明 从已知点 M(在对应于 F_2 的准线 l 上)到已知椭圆引的两条切线的方程为

$$\left[\frac{\frac{a^4}{c^2}}{a^2}+\frac{a^2+b^2}{b^2}-1\right]\left(\frac{x^2}{a^2}+\frac{y^2}{b^2}-1\right)$$
$$=\left[\frac{\frac{a^2}{c}\cdot c}{a^2}+\frac{\sqrt{a^2+b^2}\cdot y}{b^2}-1\right]^2$$

即

$$\frac{a^4}{b^2c^2}\left(\frac{x^2}{a^2}+\frac{y^2}{b^2}-1\right)=\left(\frac{x}{c}+\frac{\sqrt{a^2+b^2}\cdot y}{b^2}-1\right)^2$$

为求通过焦点 $F_2(c,0)$ 并且与焦点轴垂直的直线 $x=c$ 与从 M 引的两条切线的交点 P 和 Q 的纵坐标,需把 $x=c$ 代入上面切线方程,即得

$$\frac{a^4}{b^2c^2}\left(\frac{c^2}{a^2}+\frac{y^2}{b^2}-1\right)=\left(\frac{c}{c}+\frac{\sqrt{a^2+b^2}\cdot y}{b^2}-1\right)^2$$

化简得
$$y^2=a^2$$

所以
$$y=\pm a$$

a 和 $-a$ 分别为交点 P 和 Q 的纵坐标,因为 $PQ\perp x$ 轴,所以
$$|PQ|=2a$$

5.6.4 椭圆的切线和法线的性质及判定定理

定理 5.11(椭圆的光学性质) 椭圆上一点的切线和这点的两条焦半径成等角(即椭圆上一点的法线平分这点的两条焦半径的夹角).并且逆命题也成立(图 5.16).

定理 5.12 椭圆上一点 P 的切线和通过一个焦点 F 且垂直于焦半径 FP 的直线的交点 T 在对应于 F 的准线 l 上(图 5.17),并且逆命题也成立.

这个定理对双曲线和抛物线都成立.

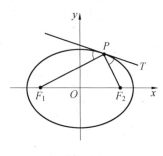

图 5.16　　　　　　　　　图 5.17

定理 5.13(亚丹姆斯定理)　在椭圆上一点 P 的切线上任取一点 I，从 I 作点 P 的焦半径 FP（或其延长线）的垂线 IA，从 I 作对应于 F 的准线 l 的垂线 IB，垂足各为 A,B，则

$$|FA|=e|IB|$$

e 为离心率为(图 5.18).

证明　如图，设点 P 的切线和准线 l 相交于点 T，联结线段 FT，则 $FT \perp FP$（定理 5.12 的逆定理），所以 $FT \parallel IA$. 作 PE 垂直 l 于点 E，则 $IB \parallel PE$，所以

$$|FA|:|FP|=|TI|:|TP|=|IB|:|PE|$$

从而

$$|FA|:|IB|=|FP|:|PE|=e$$

这就有

$$|FA|=e|IB|$$

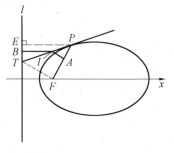

图 5.18

这个定理对双曲线和抛物线都成立.

定理 5.14(彭斯雷[①]定理)　从椭圆外一点 P 作椭圆的切线 PQ 和 PR（切点为 Q,R），若 F 是椭圆的任一焦点，则有(1)

$$\angle PFQ = \angle PFR \tag{5.9}$$

(2) 对于两个焦点 F_1 和 F_2 来说，则

$$\angle F_1 PQ = \angle F_2 PR \tag{5.10}$$

证明　(1) 如图 5.19(a)，从点 P 作焦半径 FQ,FR（或其延长线）的垂线 PH,PK（垂足为 H,K），从 P 作与焦点 F 对应的准线 l 的垂线 PE（垂足为 E），

[①] 彭斯雷(Jean Victor Poncelet, 1788—1867)，法国几何学家，射影几何奠基人.

则由亚丹姆斯定理得
$$|FH|=e|PE|, \quad |FK|=e|PE|$$

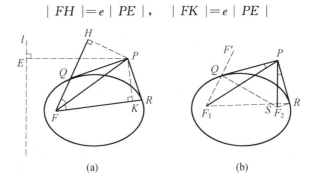

图 5.19

所以
$$|FH|=|FK|$$
从而
$$\angle PFQ = \angle PFR$$

(2) 如图 5.19(b) 作辅助线,则
$$\angle F_1 PQ = \angle F'QP - \angle F'F_1 P$$
$$= \frac{1}{2}\angle F'QF_2 - \frac{1}{2}\angle F'F_1 R$$
(定理 5.11,定理 5.14(1))
$$= \frac{1}{2}(\angle F'QF_2 - \angle F'F_1 R)$$
$$= \frac{1}{2}\angle F_1 SQ$$

同理
$$\angle F_2 PR = \frac{1}{2}\angle F_2 SR$$
所以
$$\angle F_1 PQ = \angle F_2 PR$$

例 5.11 从椭圆的焦点 F_1,F_2 各作这椭圆上点 P 的切线的垂线 $F_1 T_1$ 和 $F_2 T_2$,垂足为 T_1,T_2. 求证:(1)T_1 和 T_2 都在椭圆的大辅助圆[①]上;(2)

[①] 以椭圆的中心为圆心,以长半轴为半径的圆叫作椭圆的大辅助圆. 以椭圆的中心为圆心,以短半轴为半径的圆叫作椭圆的小辅助圆.

$|F_1T_1|\cdot|F_2T_2|=b^2$；(3) $OT_1 \parallel F_2P$, $OT_2 \parallel F_1P$(O 是椭圆的中心)(图 5.20).

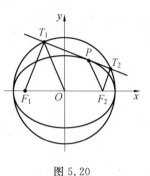

图 5.20

证明 (1) 设椭圆的方程为 $\dfrac{x^2}{a^2}+\dfrac{y^2}{b^2}=1$，点 P 的切线的方程为

$$y=kx+\sqrt{a^2k^2+b^2} \qquad (5.11)$$

则通过焦点 F_1 并且与这切线垂直的直线的方程为

$$y=-\frac{1}{k}(x+c) \qquad (5.12)$$

把(5.11)和(5.12)改写为

$$y-kx=\sqrt{a^2k^2+b^2}$$

和

$$ky+x=-c$$

然后把这两个方程左右各平方，再左右各相加，便得

$$(1+k^2)(x^2+y^2)=a^2k^2+(b^2+c^2)$$

所以有

$$x^2+y^2=a^2$$

这表明(5.11)和(5.12)的交点 T_1 在大辅助圆上.

同理可证 T_2 在大辅助圆上.

(2) $|F_1T_1|\cdot|F_2T_2|=\dfrac{|\sqrt{a^2k^2+b^2}-kc|}{\sqrt{1+k^2}}\cdot\dfrac{|\sqrt{a^2k^2+b^2}+kc|}{\sqrt{1+k^2}}$

$=\dfrac{a^2k^2+b^2-k^2c^2}{1+k^2}=\dfrac{b^2+b^2k^2}{1+k^2}=b^2$

(3) 切线方程为 $y=kx+\sqrt{a^2k^2+b^2}$，直线 F_1T_1 的方程为 $y=-\dfrac{1}{k}(x+c)$，即 $x+ky+c=0$，所以直线 OT_1 的方程可设为

$$kx-y+\sqrt{a^2k^2+b^2}+\lambda(x+ky+c)=0$$

由于它通过原点 $O(0,0)$，于是可以求出

$$\lambda=-\frac{\sqrt{a^2k^2+b^2}}{c}$$

由此可求出 OT_1 的斜率为 $\dfrac{kc-\sqrt{a^2k^2+b^2}}{c+k\sqrt{a^2k^2+b^2}}$. 切点 P 的坐标为

$\left(-\dfrac{a^2 k}{\sqrt{a^2 k^2 + b^2}}, \dfrac{b^2}{\sqrt{a^2 k^2 + b^2}}\right)$，由此可求出直线 $F_2 P$ 的斜率为

$\dfrac{b^2}{-(a^2 k + c\sqrt{a^2 k^2 + b^2})}$. 容易验证 OT_1 与 $F_2 P$ 的斜率相等，从而 $OT_1 \parallel F_2 P$.

同理 $OT_2 \parallel F_1 P$.

5.7 点关于椭圆的切点弦与极线

对于椭圆以及后面的双曲线、抛物线来说，也有切点弦、极线这些概念. 关于这些曲线的切点弦、极线的概念，有关定理以及定理的证明和圆中的相当部分都是类似的，这里只给出结论.

5.7.1 点关于椭圆的切点弦

定理 5.15 椭圆外点 $P(x_0, y_0)$ 关于椭圆 $\dfrac{x^2}{a^2} + \dfrac{y^2}{b^2} = 1$（或 $\dfrac{x^2}{b^2} + \dfrac{y^2}{b^2} = 1$）的切点弦的方程为

$$\dfrac{x_0 x}{a^2} + \dfrac{y_0 y}{b^2} = 1 \quad \left(\text{或} \dfrac{x_0 x}{b^2} + \dfrac{y_0 y}{a^2} = 1\right)$$

5.7.2 点关于椭圆的极线

定理 5.16 点 $P(x_0, y_0)$ 关于椭圆 $\dfrac{x^2}{a^2} + \dfrac{y^2}{b^2} = 1$（或 $\dfrac{x^2}{b^2} + \dfrac{y^2}{a^2} = 1$）的极线 p 的方程为

$$\dfrac{x_0 x}{a^2} + \dfrac{y_0 y}{b^2} = 1 \quad \left(\text{或} \dfrac{x_0 x}{b^2} + \dfrac{y_0 y}{a^2} = 1\right)$$

说明 参阅 4.5.2 的说明.

定理 4.10 和定理 4.11 对于椭圆的极线也成立.

例 5.12 求证：(1) 从椭圆的一条准线上任意一点作这椭圆的两条切线，那么，两切点的连线通过对应于这条准线的焦点；(2) 椭圆的一条焦点弦的两端的切线的切线的交点在这焦点对应的准线上.

证明 设椭圆的方程为 $\dfrac{x^2}{a^2} + \dfrac{y^2}{b^2} = 1$，以它的左焦点 $F_1(-c, 0)$ 和左准线 l_1：

$x = -\dfrac{a^2}{c}$ 为例.

(1) 在左准线 l_1 上任取一点 P, 设它的坐标为 $\left(-\dfrac{a^2}{c}, y_0\right)$, 则 P 关于这椭圆的切点弦的方程为

$$\dfrac{-\dfrac{a^2}{c}x}{a^2} + \dfrac{y_0 y}{b^2} = 1$$

显然 F_1 的坐标 $(-c, 0)$ 满足这个方程. 所以两切点的连线通过左焦点 F_1.

(2) 设通过左焦点 $F_1(-c, 0)$ 的直线的方程为

$$y = k(x + c) \tag{5.13}$$

这里 $k \neq 0$(因为任何点关于椭圆的切点弦不会是焦点轴). 设这直线是点 $P(x_0, y_0)$ 关于这个椭圆的切点弦, 则这切点弦的方程又为

$$b^2 x_0 x + a^2 y_0 y = a^2 b^2 \tag{5.14}$$

由于(5.13)和(5.14)表示同一直线,所以有

$$\dfrac{b^2 x_0}{k} = \dfrac{a^2 y_0}{-1} = \dfrac{-a^2 b^2}{kc}$$

由此得

$$x_0 = -\dfrac{a^2}{c}$$

这说明点 P 在左准线 l_1 上.

当焦点弦垂直于 x 轴时, 这时, 它所在直线的方程为 $x = -c$, 同样可证点 $\left(-\dfrac{a^2}{c}, 0\right)$ 关于这椭圆的切点弦为 $x = -c$, 而 $\left(-\dfrac{a^2}{c}, 0\right)$ 仍在左准线 l_1 上.

这就证明了椭圆的通过左焦点的任一焦点弦(长轴除外)两端切线的交点在左准线上.

由本例可知, 椭圆的通过一焦点的焦点弦(长轴除外)两端的切线的交点的轨迹是对应于这焦点的准线.

5.8 椭圆的面积

定理 5.17 若椭圆的长半轴为 a, 短半轴为 b, 则椭圆的面积

$$S_{椭圆} = \pi a b$$

(证明见 9.8 的例).

例 5.13 已知直线 $y=-\dfrac{1}{2}x+\dfrac{3}{2}$ 和椭圆 $\dfrac{x^2}{a^2}+\dfrac{y^2}{b^2}=1$,

(1) 当这直线和这椭圆相切时,a 和 b 满足什么关系?
(2) 在这直线和这椭圆相切条件下,求这椭圆面积的最大值.
(3) 求这直线和面积最大椭圆相切时椭圆的方程.

解 (1) 当已知直线和这椭圆相切时,由它们的方程组成的方程组

$$\begin{cases} y=-\dfrac{1}{2}x+\dfrac{3}{2} \\ \dfrac{x^2}{a^2}+\dfrac{y^2}{b^2}=1 \end{cases}$$

有相同的解,消去 y,得 x 的二次方程

$$(a^2+4b^2)x^2-6a^2x+(9a^2-4a^2b^2)=0$$

由于这个 x 的二次方程有相同的两个实根,所以根的判别式

$$\Delta=(-6a^2)^2-4(a^2+4b^2)(9a^2-4a^2b^2)=0$$

从而有

$$a^2+4b^2=9$$

(2) 因为椭圆的面积 $S=\pi ab$,所以

$$S=\dfrac{\pi}{2}(a\cdot 2b)\leqslant \dfrac{\pi}{2}\times\dfrac{1}{2}(a^2+4b^2)=\dfrac{9\pi}{4}(由(1))$$

(a^2 与 $4b^2$ 的算术平均 $\dfrac{a^2+4b^2}{2}$ 大于或等于其几何平均 $\sqrt{a^2\cdot 4b^2}=a\cdot 2b$),所以,当且仅当 $a^2=4b^2$,即 $a=2b$ 时,椭圆的面积 S 取得最大值 $\dfrac{9\pi}{4}$.

(3) 直线和这面积最大的椭圆相切时有

$$\begin{cases} a^2+4b^2=9 \\ a=2b \end{cases}$$

由此得 $a^2=\dfrac{9}{2}$,$b^2=\dfrac{9}{8}$. 所以这个面积最大的椭圆的方程为

$$2x^2+8y^2=9$$

第 6 章 双曲线

6.1 双曲线的定义

双曲线的定义不止一种,一般常用的有两种. 这里先介绍第一种,另一种见 6.4.8.

定义 6.1 平面上到两个不重合定点的距离的差的绝对值等于定长(定长大于零而小于两个定点间的距离[①])的点的轨迹叫作双曲线. 两个定点都叫作双曲线的焦点. 两个焦点间的距离叫作焦距,焦距的一半叫作半焦距(图 6.1).

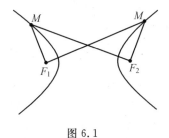

图 6.1

6.2 用平面截直圆锥面可以得到双曲线

定理 6.1 不通过直圆锥面的顶点的一个平面截直圆锥面的两个叶,则所得的截痕是一条双曲线.

证明 如图 6.2,在圆锥面的两个叶内各作一个球 S_1 和 S_2,使这两个球与截面各相切于点 F_1 和 F_2,与圆锥面各相切于圆 c_1 和 c_2. 在截痕上,例如在下支上任取一点 M,我们来证明 $|F_2M|-|F_1M|$ 是一个定长. 为此,通过 M 作圆

[①] 注意定义中定长小于两个定点间的距离这个条件. 当定长等于两个定点间的距离时,轨迹是两个定点以及联结它们的线段的两条延长线,而不是普通双曲线,这两条射线可看作是双曲线的极限状态.

锥面的母线 VM，设 VM 和圆 c_1、圆 c_2 各相交于点 M_1 和 M_2，则
$$|F_1M|=|M_1M|,\ |F_2M|=|M_2M|$$
于是
$$|F_2M|-|F_1M|=|M_2M|-|M_1M|$$
$$=|M_1M_2|=\text{定长}$$

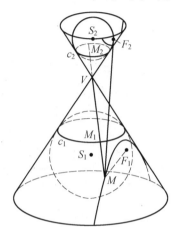

图 6.2

这就证明了截痕上任意一点与 F_1 及 F_2 的距离的差的绝对值总等于定长；又因截痕是两支各自连续的平面曲线（整个双曲线并不连续），所以截痕是以 F_1 及 F_2 为焦点的一条双曲线.

这个证明就是 5.2 提到的丹弟林和盖特莱的证明.

6.3 双曲线的标准方程

定理 6.2 若双曲线的两个焦点为 $F_1(-c,0)$ 和 $F_2(c,0)$（这里 $c>0$），双曲线上任意一点与两个焦点距离的差的绝对值为 $2a(0<a<c)$（图 6.3），则这双曲线的方程为

$$\frac{x^2}{a^2}-\frac{y^2}{b^2}=1 \tag{6.1}$$

若双曲线的两个焦点为 $F_1(0,-c)$ 和 $F_2(0,c)$，其他条件不变（图 6.4），则这双曲线的方程为

$$\frac{x^2}{b^2}-\frac{y^2}{a^2}=-1 \tag{6.2}$$

其中 b 和 a,c 的关系如下
$$c^2 = a^2 + b^2 \tag{6.3}$$

(6.1) 和(6.2) 都叫作双曲线的标准方程(规范方程). (6.1) 和(6.2) 分别叫作第一标准方程和第二标准方程,这时的坐标系叫作双曲线的标准坐标系.

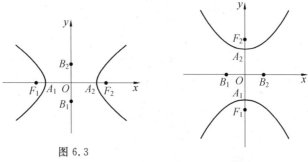

图 6.3　　　　　　　　　　图 6.4

关于双曲线的标准方程(6.1) 和(6.2) 有两点应该注意：

第一,方程(6.1) 和(6.2) 等号左端的形式完全一样,它们的区别不在于 a^2, b^2 的大小,而在于等号右端是 1 还是 -1. 焦点在 x 轴上的双曲线的方程(6.1) 中,等号右端是 1；焦点在 y 轴上的双曲线的方程(6.2) 中,等号右端是 -1.

第二,双曲线的标准方程中 a,b,c 的关系与椭圆的标准方程中 a,b,c 的关系不同,应注意区别.

在这里我们还必须说一下,由(6.1) 和(6.2) 可知,凡形如
$$Ax^2 + Cy^2 = K \tag{6.4}$$
并且 A,C 异号,$K \neq 0$ 的方程一定表示双曲线.

仍设 A,C 异号. 当 $K=0$ 时,(6.4) 变为 $Ax^2 + Cy^2 = 0$. 既然 A,C 异号,所以它的等号左端可以分解为两个实系数的一次因式的乘积. 这时(6.4) 实际上表示两条相交直线,把它叫作退缩双曲线. 这样,在(6.4) 中,只要 A,C 异号,它就总表示双曲线.

6.4　双曲线的基本性质及有关概念

6.4.1　对称性

双曲线(6.1) 关于 x 轴和 y 轴都对称,从而关于原点也对称. 对双曲线

(6.2)来说,情形完全一样.

由以上的讨论,我们给出以下的定义:双曲线的两条互相垂直的对称轴也叫作它的轴,其中两个焦点所在的轴叫作焦点轴或实对称轴,另一条轴叫作虚对称轴.双曲线的对称中心也叫作它的中心,所以双曲线也是一种中心型圆锥曲线.

6.4.2 截距

双曲线(6.1)的横截距为$-a$和a,即和x轴相交于点$A_1(-a,0)$和$A_2(a,0)$.它和y轴没有交点,因纵截距为虚数$\pm bi$(图6.3).双曲线(6.2)的纵截距为$-a$和a,即和y轴相交于点$A_1(0,-a)$和$A_2(0,a)$.它和x轴没有交点,因横截距为虚数$\pm bi$(图6.4).

由以上的讨论,我们给出以下的定义:双曲线和它的轴的两个交点都叫作它的顶点.双曲线(6.1)的两个顶点是$A_1(-a,0)$和$A_2(a,0)$,双曲线(6.2)的两个顶点是$A_1(0,-a)$和$A_2(0,a)$.联结双曲线的两个顶点的线段A_1A_2(即双曲线(6.1)和(6.2)在焦点轴上截出的线段)或这线段的长$|A_1A_2|=2a$都叫作这双曲线的实轴(贯轴).在双曲线的虚对称轴上取两点B_1和B_2,令$|OB_1|=|OB_2|=b$,则线段B_1B_2或这线段的长$|B_1B_2|=2b$都叫作这双曲线的虚轴(配轴).实轴的一半(线段)或其长a都叫作这双曲线的实半轴,虚轴的一半(线段)或其长b都叫作这双曲线的虚半轴.

6.4.3 范围

双曲线(6.1)上的一部分点位于直线$x=-a$上或其左侧,并且向左无限伸展,一部分点位于直线$x=a$上或其右侧,并且向右无限伸展.双曲线向上、下无限伸展.

双曲线(6.2)向左、右无限伸展.它的一部分点位于直线$y=-a$上或其下侧,并且向下无限伸展,一部分点位于直线$y=a$上或其上侧,并且向上无限伸展.

6.4.4 渐近线

定理 6.3 双曲线(6.1)有两条渐近线,渐近线的方程为

即
$$\frac{x^2}{a^2} - \frac{y^2}{b^2} = 0$$

$$bx - ay = 0$$

和

$$bx + ay = 0$$

双曲线(6.2)有两条渐近线,渐近线的方程为
$$\frac{x^2}{b^2} - \frac{y^2}{a^2} = 0$$

即
$$ax - by = 0$$

和
$$ax + by = 0$$

下面我们介绍一下双曲线的渐近线的作法.

如图6.5,通过双曲线的实轴的两端以及虚轴的两端分别作虚对称轴及实对称轴的平行线,这四条直线围成一个矩形,这个矩形叫作双曲线的基本矩形.通过这个矩形的两组相对顶点各作直线,显然,这两条直线就是双曲线的两条渐近线.以双曲线的中心为圆心,以基本矩形的对角线的一半为半径作圆,它与实对称轴的两个交点恰是双曲线的两个焦点.

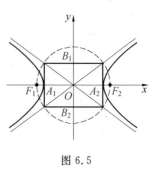

图 6.5

推论 双曲线 $Ax^2 + Cy^2 = K(A,C$ 异号, $K \neq 0)$ 的两条渐近线的方程为
$$Ax^2 + Cy^2 = 0$$

6.4.5 离心率

定义 6.2 双曲线的焦距($2c$)与实轴($2a$)的比叫作双曲线的离心率(即离心率 $e = c/a$).

由于 $0 < a < c$,所以 $e > 1$.双曲线的形状和它的离心率的大小有关:双曲线的离心率越大,双曲线的开口也就越大.若两条双曲线的离心率相等,那么,这两条双曲线相似.证法与 5.4.4 相仿,从略.

6.4.6 双曲线的通径、焦半径

双曲线的弦、焦点弦、通径、焦半径这些概念与椭圆中的同名概念定义相同.

定理 6.4 双曲线(6.1)或(6.2)的通径的长为 $\dfrac{2b^2}{a}$.

定理 6.5 双曲线(6.1)上任意一点 $M(x', y')$ 的两条焦半径 F_1M 和 F_2M 的长各为

$$|F_1M| = |ex' + a|, \quad |F_2M| = |ex' - a|$$

当 M 在双曲线的左支上时，$|F_1M| = -(ex' + a)$，$|F_2M| = -(ex' - a)$；当 M 在双曲线的右支上时，$|F_1M| = ex' + a$，$|F_2M| = ex' - a$.

对双曲线(6.2)来说，则有

$$|F_1M| = |ey' + a|, \quad |F_2M| = |ey' - a|$$

当 M 在双曲线的下支上时，$|F_1M| = -(ey' + a)$，$|F_2M| = -(ey' - a)$；当 M 在双曲线的上支上时

$$|F_1M| = ey' + a, \quad |F_2M| = ey' - a$$

6.4.7 双曲线的准线

定理 6.6 双曲线 $\dfrac{x^2}{a^2} - \dfrac{y^2}{b^2} = 1$ 上任意一点 M 到焦点 $F_1(-c, 0)$ 的距离 $|F_1M|$ 与它到直线 $l_1: x = -\dfrac{a}{e}$ 的距离 $|MN|$ 的比等于这双曲线的离心率 e；M 到焦点 $F_2(c, 0)$ 的距离 $|F_2M|$ 与它到直线 $l_2: x = \dfrac{a}{e}$ 的距离的比等于离心率 e. 双曲线 $\dfrac{x^2}{b^2} - \dfrac{y^2}{a^2} = -1$ 上任意一点 M 到焦点 $F_1(0, -c)$ 的距离 $|F_1M|$ 与它到直线 $l_1: y = -\dfrac{a}{e}$ 的距离 $|MN|$ 的比等于这双曲线的离心率 e；M 到焦点 $F_2(0, c)$ 的距离 $|F_2M|$ 与它到直线 $l_2: y = \dfrac{a}{e}$ 的距离的比等于离心率 e(图 6.6).

由定理 6.6，我们给出以下的定义.

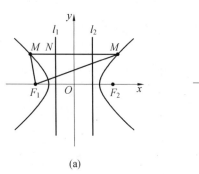
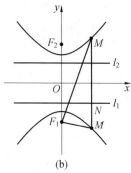

图 6.6

定义 6.3 对双曲线(6.1)来说,直线 $l_1: x = -\dfrac{a}{e}$(即 $x = -\dfrac{a}{c}$)和 $l_2: x = \dfrac{a}{e}$(即 $x = \dfrac{a^2}{c}$)都叫作这条双曲线的准线. 为了叙述方便,我们把前者叫作左准线,后者叫作右准线. 对双曲线(6.2)来说,直线 $l_1: y = -\dfrac{a}{e}$(即 $y = -\dfrac{a^2}{c}$)和 $l_2: y = \dfrac{a}{e}$(即 $y = \dfrac{a^2}{c}$)都叫作这双曲线的准线. 前者叫作下准线,后者叫作上准线. F_1 和 l_1,F_2 和 l_2 各叫作双曲线的同侧的焦点和准线.

由于 $-\dfrac{a}{e} > -a$,$\dfrac{a}{e} < a$,所以 l_1 在左(下)顶点 A_1 之右(上);l_2 在右(上)顶点 A_2 之左(下).

6.4.8 双曲线的第二种定义

由 6.4.7 的讨论,我们给出以下的定义.

定义 6.4 平面上到一个定点的距离与到一条定直线的距离的比为一个大于 1 的常数的点的轨迹叫作双曲线. 定点叫作双曲线的焦点,定直线叫作双曲线的准线,大于 1 的这个常数叫作双曲线的离心率.

现在证明,双曲线的两个定义在一般情形下等价.

由定理 6.6,双曲线 $\dfrac{x^2}{a^2} - \dfrac{y^2}{b^2} = 1$ 上任意一点到点 $F_1(-c, 0)$ 的距离与到直线 $l_1: x = -\dfrac{a^2}{c}$ 的距离的比为常数 e,这实际上证明了:若一点与不重合两点距离的差的绝对值等于定长,则这点到一个定点的距离与到不通过这定点的一条定直线的距离的比为大于 1 的一个常数.

反过来,还要证明,若一点到一个定点的距离与到不通过这定点的一条定直线的距离的比为大于 1 的一个常数,则这点到不重合两点的距离的差的绝对值等于定长.参照图 6.7,证明仿 5.4.7 的证明.从略.

这就证明了,一点与不重合两点距离的差的绝对值等于定长的点的轨迹和到一定点的距离与到不通过这定点的一条定直线的距离的比为大于 1 的常数的点的轨迹是同类曲线;从而双曲线的两个定义在一般情形下等价.

在第二定义下,双曲线 $\dfrac{x^2}{a^2}-\dfrac{y^2}{b^2}=1$ 还有第二焦点 $F_2(ea,0)$ 和第二准线 l_2:$x=\dfrac{a}{e}$,即由 F_2 与 l_2 也产生同一双曲线.

在以上的讨论中,一直假定焦点不在准线上.如图 6.8,当焦点 F_1 在准线 l_1 上时,到 F_1 的距离与到 l_1 的距离的比为 $e(e>1)$ 的点 $M(|F_1M|:|MN|=e)$ 的轨迹是通过 F_1 的两相交直线.这两相交直线与 l_1 夹的锐角 α 的正弦 $\sin\alpha=\dfrac{1}{e}$.两相交直线组成的图形是双曲线的特殊形态,就是退缩双曲线.它的两个焦点重合,两条准线重合.双曲线的第一个定义并没有包括这种情形.

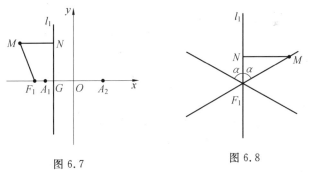

图 6.7　　　　　　　　　图 6.8

最后我们还要谈到一个问题.在 6.2 中,我们证明了用一个平面截直圆锥面可以得到双曲线.可以证明,在图 6.2 中,双曲线所在平面与圆 c_1 所在平面及与圆 c_2 所在平面的两条交线是双曲线的两条准线(参考 5.4.7 的书下注 ①).

6.5　等轴双曲线

定义 6.5　实轴和虚轴相等的双曲线叫作等轴双曲线(直角双曲线).

由以上定义可知

$$x^2 - y^2 = a \quad \text{和} \quad x^2 - y^2 = -a^2$$

都是等轴双曲线的方程.

等轴双曲线有以下简单性质：

(1) 等轴双曲线的离心率总等于 $\sqrt{2}$，所以凡等轴双曲线都相似.

(2) 等轴双曲线的两条渐近线互相垂直.

6.6 共轭双曲线

定义 6.6 如果一条双曲线的实轴和虚轴分别是另一条双曲线的虚轴和实轴(都指线段)，则两条双曲线叫作共轭的.当两条双曲线共轭时，每条双曲线都叫作另一条双曲线的共轭双曲线(图 6.9).

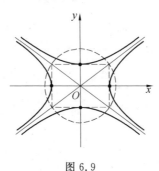

图 6.9

定理 6.7 双曲线

$$\frac{x^2}{a^2} - \frac{y^2}{b^2} = 1$$

和

$$\frac{x^2}{a^2} - \frac{y^2}{b^2} = -1$$

是共轭的(这两个方程等号的左端完全一样，右端的常数项一个是 1，一个是 -1).

推论 双曲线

$$Ax^2 + Cy^2 = K$$

和

$$Ax^2 + Cy^2 = -K$$

(这里 A, C 异号，$K \neq 0$)，共轭.

共轭双曲线除具有定义中所说的关系以外，还有以下的简单关系：

(1) 两条共轭双曲线的四个焦点与它们的共同中心等距离.

(2) 两条共轭双曲线有共同的渐近线.

这是因为两条共轭双曲线 $\dfrac{x^2}{a^2} - \dfrac{y^2}{b^2} = 1$ 和 $\dfrac{x^2}{a^2} - \dfrac{y^2}{b^2} = -1$ 的渐近线都是 $\dfrac{x^2}{a^2} - \dfrac{y^2}{b^2} = 0$,即都是 $bx - ay = 0$ 和 $bx + ay = 0$.

考察方程

$$\dfrac{x^2}{a^2} - \dfrac{y^2}{b^2} = 1, \quad \dfrac{x^2}{a^2} - \dfrac{y^2}{b^2} = 0, \quad \dfrac{x^2}{a^2} - \dfrac{y^2}{b^2} = -1$$

前后两个是共轭双曲线的方程,中间是它们的共同渐近线的方程.这三个方程的等号左端完全一样,而等号右端的常数项恰成等差数列.

例 6.1 已知双曲线的中心在原点,焦点在一条坐标轴上,它的一条渐近线为 $3x - 2y = 0$,并且双曲线通过点 $P(-1,3)$,求这双曲线的方程.

解 因双曲线的中心在原点,并且焦点在一条坐标轴上,所以双曲线的两条渐近线关于坐标轴对称,因此另一条渐近线为 $3x + 2y = 0$.所以两条渐近线的方程为

$$(3x - 2y)(3x + 2y) = 0$$

即

$$9x^2 - 4y^2 = 0$$

因此双曲线的方程应该是

$$9x^2 - 4y^2 = K$$

由于这条双曲线通过点 $P(-1,3)$,所以有

$$9 \times (-1)^2 - 4 \times 3^2 = K$$

从而 $K = -27$,所以双曲线的方程为

$$9x^2 - 4y^2 + 27 = 0$$

例 6.2 设一条直线和一条双曲线及其两条渐近线都相交,求证:这条直线夹在双曲线及其渐近线之间的两条线段(图 6.10 中的 AB 与 CD) 相等.

证明 设双曲线的方程为

$$b^2 x^2 - a^2 y^2 = a^2 b^2 \tag{6.5}$$

那么,它的渐近线的方程为

$$b^2 x^2 - a^2 y^2 = 0 \tag{6.6}$$

设割线的方程为

$$y = kx + m \left(k \neq \pm \dfrac{b}{a} \right) \tag{6.7}$$

则方程组
$$\begin{cases} b^2x^2 - a^2y^2 = a^2b^2 \\ y = kx + m \end{cases}$$
的解是交点 B,C 的坐标. 把(6.7)代入(6.5),得
$$(b^2 - a^2k^2)x^2 - 2a^2mkx - a^2(b^2 + m^2) = 0 \qquad (6.8)$$
这个二次方程的两个根 x_1 和 x_2 分别为 B 和 C 的横坐标,而
$$x_1 + x_2 = \frac{2a^2mk}{b^2 - a^2k^2}$$
于是线段 BC 的中点的横坐标
$$X = \frac{1}{2}(x_1 + x_2) = \frac{a^2mk}{b^2 - a^2k^2}$$
线段 BC 的中点的纵坐标
$$Y = kX + m = \frac{b^2m}{b^2 - a^2k^2}$$
要求 A,D 的坐标,应解方程组
$$\begin{cases} b^2x^2 - a^2y^2 = 0 \\ y = kx + m \end{cases}$$
很明显,消去 y 后所得的二次方程的二次项和一次项与(6.8)相同,因此它的两个根的和,即 A,D 的横坐标的和与 B,C 的横坐标的和相等,从而线段 AD 的中点的横坐标与线段 BC 的中点的横坐标相等,因而线段 AD 的中点的纵坐标与线段 BC 的中点的纵坐标也相等. 这样,线段 AD 的中点与线段 BC 的中点实际上是同一个点,所以线段 AB 等于线段 CD.

当割线与双曲线的实对称轴垂直时,由双曲线及其渐近线的对称性可知也有 $|AB| = |CD|$.

说明 若移动割线,变为双曲线的切线时,由本例可知,这切线夹在两渐近线间的线段被切点二等分(图 6.11).

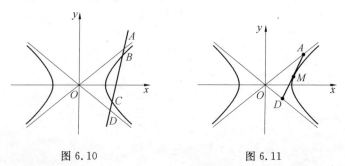

图 6.10　　　　　　图 6.11

例 6.3 F_1, F_2 是双曲线 $\dfrac{x^2}{a^2} - \dfrac{y^2}{b^2} = 1$ 的左、右焦点，P 是这双曲线的右支上不重合于顶点的任意一点. 设 $\angle PF_1F_2 = \alpha, \angle PF_2F_1 = \beta$，求证

$$\tan \frac{\alpha}{2} : \tan \frac{\beta}{2} = \frac{c-a}{c+a}$$

说明 如图 6.12，作 $\triangle PF_1F_2$ 的内切圆 I，与 F_1F_2, F_2P, F_1P 各相切于点 D, E, F，联结线段 F_1I, F_2I, DI，则 F_1I 平分 $\angle PF_1F_2$，F_2I 平分 $\angle PF_2F_1$，$DI \perp F_1F_2$，从而

$$\angle IF_1D = \frac{\alpha}{2}, \quad \angle IF_2D = \frac{\beta}{2}$$

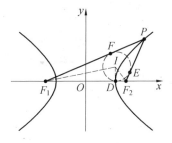

图 6.12

设 $|F_1D| = m, |F_2D| = n$，则

$$m + n = |F_1F_2| = 2c$$
$$m - n = |F_1D| - |F_2D| = |F_1F| - |F_2E|$$
$$= |F_1P| - |F_2P| = 2a$$

从而

$$m = c + a, \quad n = c - a$$

所以

$$\frac{\tan \dfrac{\alpha}{2}}{\tan \dfrac{\beta}{2}} = \frac{\dfrac{|ID|}{m}}{\dfrac{|ID|}{n}} = \frac{n}{m} = \frac{c-a}{c+a}$$

例 6.4 已知双曲线 $\dfrac{x^2}{a^2} - \dfrac{y^2}{b^2} = 1$，画这双曲线的一种方法如下：由方程 $\dfrac{x^2}{a^2} - \dfrac{y^2}{b^2} = 1$ 确定出第一象限的一点 $C(h, k)$. 取这双曲线的两个顶点 $A_1(-a, 0)$ 和 $A_2(a, 0)$，如图 6.13 作矩形 A_2BCD，使边 A_2D 垂直于 x 轴. 把矩形的边 DC, BC 分别分为 n 等分，DC 上的分点从左到右依次为 $P_1, P_2, P_3, \cdots, BC$ 上的分点从

下到上依次为 $Q_1, Q_2, Q_3, \cdots$，直线 $A_2P_1, A_2P_2, A_2P_3, \cdots$ 分别与直线 A_1Q_1，$A_1Q_2, A_1Q_3, \cdots$ 依次相交于点 $M_1, M_2, M_3, \cdots$，则 $M_1, M_2, M_3, \cdots$ 都是双曲线在第一象限内的点. 用同样方法可以作出双曲线在其余三个象限内的点. A_1, A_2 也是双曲线上的点. 用平滑曲线顺势联结第一、四象限内的点，用平滑曲线顺势联结第二、三象限内的点，就得到所要画的双曲线的近似形象.

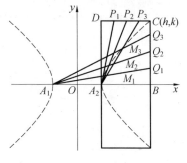

图 6.13

证明　以矩形 A_2BCD 内的点为例. 考虑直线 A_2P_i 与 A_1Q_i 的交点 M_i.

A_2 的坐标为 $(a, 0)$，P_i 的坐标为 $\left(a + \dfrac{i}{n}(h-a), k\right)$，所以直线 A_2P_i 的方程为

$$\frac{y}{x-a} = \frac{k}{\dfrac{i}{n}(h-a)}$$

A_1 的坐标为 $(-a, 0)$，Q_i 的坐标为 $\left(h, \dfrac{i}{n}k\right)$，所以直线 A_1Q_i 的方程为

$$\frac{y}{x+a} = \frac{\dfrac{i}{n}k}{h+a}$$

设点 M_i 的坐标为 (x_i, y_i)，那么

$$\frac{y_i}{x_i-a} = \frac{k}{\dfrac{i}{n}(h-a)}, \quad \frac{y_i}{x_i+a} = \frac{\dfrac{i}{n}k}{h+a}$$

把这两个等式左右各相乘，得

$$\frac{y_i^2}{x_i^2-a^2} = \frac{k^2}{h^2-a^2}$$

但 $\dfrac{h^2}{a^2} - \dfrac{k^2}{b^2} = 1$（因点 C 在已知双曲线上），从而 $\dfrac{k^2}{h^2-a^2} = \dfrac{b^2}{a^2}$，所以

$$\frac{y_i^2}{x_i^2-a^2}=\frac{b^2}{a^2}$$

即

$$\frac{x_i^2}{a^2}-\frac{y_i^2}{b^2}=1$$

这个等式表明,交点 M_i 是已知双曲线 $\frac{x^2}{a^2}-\frac{y^2}{b^2}=1$ 上的点.

上述画法叫作画双曲线的"矩形法".

6.7 点和双曲线的相关位置

定义 6.7 如果一点与双曲线的两个焦点的距离的差的绝对值等于这条双曲线的实轴,就说这点在双曲线上;如果一点与双曲线的两个焦点的距离的差的绝对值大于这条双曲线的实轴,就说这点在双曲线内;如果一点与双曲线的两个焦点的距离的差的绝对值小于这条双曲线的实轴,就说这点在双曲线外.

如图 6.14 中的点 M 在双曲线内,点 N 在双曲线外.

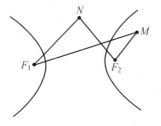

图 6.14

双曲线的内点、内域、外点、外域的意义参考 5.5.

以上述定义为依据,用反证法容易证明以下定理.

定理 6.8 当一个点在双曲线上时,则这点与双曲线的两个焦点的距离的差的绝对值等于双曲线的实轴;当一个点在双曲线内时,则这点与双曲线的两个焦点的距离的差的绝对值大于双曲线的实轴;当一个点在双曲线外时,则这点与双曲线的两个焦点的距离的差的绝对值小于双曲线的实轴.

由这个定理容易推出以下的定理.

定理 6.9 设点 M 的坐标为 (x_0,y_0),双曲线的方程为 $\frac{x^2}{a^2}-\frac{y^2}{b^2}=1$,则:

(1) 当点 M 在双曲线上时,$\dfrac{x_0^2}{a^2}-\dfrac{y_0^2}{b^2}=1$;

(2) 当点 M 在双曲线内时,$\dfrac{x_0^2}{a^2}-\dfrac{y_0^2}{b^2}>1$;

(3) 当点 M 在双曲线外时,$\dfrac{x_0^2}{a^2}-\dfrac{y_0^2}{b^2}<1$.

并且反过来也成立.

6.8 双曲线的切线与法线

6.8.1 双曲线的切线方程

1. 双曲线上一点的切线方程

定理 6.10 双曲线

$$\frac{x^2}{a^2}-\frac{y^2}{b^2}=1 \quad \text{或} \quad \frac{x^2}{b^2}-\frac{y^2}{a^2}=-1$$

上一点 $M(x_0,y_0)$ 的切线方程分别为

$$\frac{x_0 x}{a^2}-\frac{y_0 y}{b^2}=1 \quad \text{和} \quad \frac{x_0 x}{b^2}-\frac{y_0 y}{a^2}=-1$$

推论 双曲线 $Ax^2+Cy^2=K(A,C$ 异号,$K\neq 0)$ 上一点 $M(x_0,y_0)$ 的切线方程为

$$Ax_0 x+Cy_0 y=K$$

由定理 6.10 知,求双曲线上一点的切线方程仍可用"替换法则".

例 6.5 已知椭圆 $\dfrac{x^2}{a^2}+\dfrac{y^2}{b^2}=1$ 和双曲线 $\dfrac{x^2}{a^2}-\dfrac{y^2}{b^2}+\dfrac{a^2+b^2}{a^2-b^2}=0(a^2>b^2)$,它们的一条公切线和这椭圆及双曲线分别相切于点 A,B,求证:椭圆(双曲线)的中心 O 与 A,B 的连线互相垂直.

证明 设切点 A,B 的坐标分别为 $(x_1,y_1),(x_2,y_2)$,那么,就椭圆说,这公切线为

$$\frac{x_1 x}{a^2}+\frac{y_1 y}{b^2}=1$$

就双曲线说,这公切线为
$$\frac{x_2 x}{a^2} - \frac{y_2 y}{b^2} + \frac{a^2+b^2}{a^2-b^2} = 0$$

由于前者必过 (x_2, y_2),后者必过 (x_1, y_1),所以有
$$\begin{cases} \dfrac{x_1 x_2}{a^2} + \dfrac{y_1 y_2}{b^2} = 1 \\ \dfrac{x_1 x_2}{a^2} - \dfrac{y_1 y_2}{b^2} + \dfrac{a^2+b^2}{a^2-b^2} = 0 \end{cases}$$

由这个方程组解出 $x_1 x_2$ 和 $y_1 y_2$,得
$$\begin{cases} x_1 x_2 = \dfrac{-a^2 b^2}{a^2 - b^2} \\ y_1 y_2 = \dfrac{a^2 b^2}{a^2 - b^2} \end{cases}$$

所以
$$k_{OA} \cdot k_{OB} = \frac{y_1}{x_1} \cdot \frac{y_2}{x_2} = \frac{y_1 y_2}{x_1 x_2} = -1$$

从而
$$OA \perp OB$$

2. 双曲线的已知斜率的切线方程

定理 6.11 双曲线
$$\frac{x^2}{a^2} - \frac{y^2}{b^2} = 1 \quad \text{或} \quad \frac{x^2}{b^2} - \frac{y^2}{a^2} = -1$$
的斜率为 k 的切线方程分别为
$$y = kx \pm \sqrt{a^2 k^2 - b^2} \quad \text{和} \quad y = kx \pm \sqrt{a^2 - b^2 k^2}$$

说明 从以上公式看,并不是对任何给定的斜率来说,都有双曲线的切线.就前一公式来说(后一公式道理相同),当 $a^2 k^2 - b^2 > 0$ 时,即当 $k > \dfrac{b}{a}$ 或 $k < -\dfrac{b}{a}$ 时,存在两条切线;当 $a^2 k^2 - b^2 < 0$ 时,即当 $-\dfrac{b}{a} < k < \dfrac{b}{a}$ 时,不存在切线;特别地,当 $a^2 k^2 - b^2 = 0$ 时,即当 $k = \dfrac{b}{a}$ 或 $k = -\dfrac{b}{a}$ 时,由公式得到双曲线的两条切线为渐近线: $bx - ay = 0$ 和 $bx + ay = 0$. 但在初等几何中,不把双曲线的渐近线看作是它的切线.

例 6.6　求双曲线 $\dfrac{x^2}{a^2}-\dfrac{y^2}{b^2}=1$ 的两条垂直切线的交点的轨迹.

解　设一条切线的斜率为 k，则另一条切线的斜率为 $-\dfrac{1}{k}$，所以一条切线的方程为

$$y=kx+\sqrt{a^2k^2-b^2} \tag{6.9}$$

另一条切线的方程为

$$y=-\dfrac{1}{k}x+\sqrt{a^2\left(-\dfrac{1}{k}\right)^2-b^2}$$

即

$$ky=-x+\sqrt{a^2-b^2k^2} \tag{6.10}$$

要求(6.9)和(6.10)的交点的轨迹的方程，只需由(6.9)和(6.10)消去 k 即可. 为此，把(6.9)和(6.10)各改写为

$$-kx+y=\sqrt{a^2k^2-b^2}$$

$$x+ky=\sqrt{a^2-b^2k^2}$$

把这两个方程的两端各平方，然后左右分别相加，得

$$(1+k^2)(x^2+y^2)=(1+k^2)(a^2-b^2)$$

消去 $1+k^2$，便得

$$x^2+y^2=a^2-b^2$$

由此可知，双曲线的两条垂直切线的交点的轨迹是一个圆. 这个圆和已知双曲线有共同中心，半径等于 $\sqrt{a^2-b^2}$.

由半径 $\sqrt{a^2-b^2}$ 可知：当 $a>b$ 时，轨迹是常态圆；当 $a=b$ 时，即双曲线为等轴双曲线时，轨迹是一个点，即双曲线的中心，不过这时是把两条垂直渐近线看作是它的两条垂直切线，否则轨迹不存在；当 $a<b$ 时，轨迹是虚圆，实际上轨迹不存在，即这时作不出双曲线的垂直切线（图 6.15）.

当轨迹是常态圆时，这圆叫作双曲线的准圆（切距圆）.

例 6.7　设双曲线在两个顶点的切线和这双曲线的任意一条其他切线相交于点 P,Q，求证：两个焦点 F_1,F_2 对线段 PQ 都张成直角，从而 F_1,F_2,P,Q 四点共圆.

证明　如图 6.16 建立直角坐标系，设双曲线的方程为 $\dfrac{x^2}{a^2}-\dfrac{y^2}{b^2}=1$，它的任意一条切线为

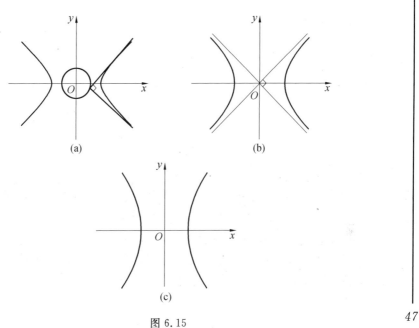

图 6.15

$$y = kx + \sqrt{a^2k^2 - b^2}$$

又在顶点 A_1, A_2 的切线分别为

$$x = -a \quad 和 \quad x = a$$

于是点 P 和 Q 的坐标分别为

$$(-a, -ka + \sqrt{a^2k^2 - b^2})$$

和

$$(a, ka + \sqrt{a^2k^2 - b^2})$$

因此

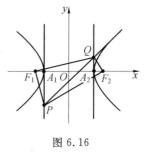

图 6.16

$$k_{F_1P} = \frac{-ka + \sqrt{a^2k^2 - b^2}}{-a + c}$$

$$k_{F_1Q} = \frac{ka + \sqrt{a^2k^2 - b^2}}{a + c}$$

$$k_{F_1P} \cdot k_{F_1Q} = \frac{-ka + \sqrt{a^2k^2 - b^2}}{-a + c} \cdot \frac{ka + \sqrt{a^2k^2 - b^2}}{a + c} = -1$$

从而 $F_1P \perp F_2Q$.

同理可证 $F_2P \perp F_2Q$.

即焦点 F_1, F_2 各对线段 PQ 张成直角,从而 F_1, F_2, P, Q 四点共圆.

3. 从已知点到已知双曲线引的切线的方程

定理 6.12 从已知点 $M(x_0, y_0)$ 到已知双曲线 $\dfrac{x^2}{a^2} - \dfrac{y^2}{b^2} = 1$ 引的切线的方程为

$$\left(\frac{x_0^2}{a^2} - \frac{y_0^2}{b^2} - 1\right)\left(\frac{x^2}{a^2} - \frac{y^2}{b^2} - 1\right) = \left(\frac{x_0 x}{a^2} - \frac{y_0 y}{b^2} - 1\right)^2$$

6.8.2 双曲线的切线和法线的性质及判定定理

定理 6.13(双曲线的光学性质) 双曲线上一点的切线平分这点的两条焦半径的夹角(即,双曲线上一点的法线平分这点的两条焦半径的夹角的邻补角).并且反过来也成立(图 6.17).

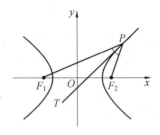

图 6.17

定理 6.14(彭斯雷定理) 从双曲线外一点 P 作双曲线的切线 PQ 和 PR(切点为 Q,R),若 F 是双曲线的任一焦点,则有(1)

$$\angle PFQ = \angle PFR$$

或

$$\angle PFQ + \angle PFR = \pi \tag{6.11}$$

(2) 对于两个焦点 F_1 和 F_2 来说,则

$$\angle F_1 PQ = \angle F_2 PR$$

或

$$\angle F_1 PQ + \angle F_2 PR = \pi \tag{6.12}$$

证明 (1) 如图 6.18,从点 P 作焦半径 FQ,FR(或其延长线)的垂线 PH,PK(垂足为 H,K),从 P 作与焦点 F 对应的准线 l 的垂线 PE(垂足为 E),则由亚丹姆斯定理得

$$|FH|=e|PE|, \quad |FK|=e|PE|$$

所以
$$|FH|=|FK|$$

从而
$$\angle PFQ = \angle PFR (图 6.18(a))$$

或
$$\angle PFQ + \angle PFR = \angle PFQ + \angle PFH = \pi(图 6.18(b))$$

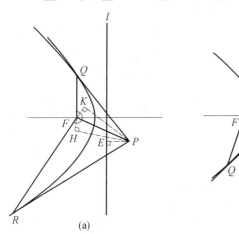
(a)

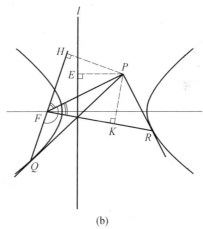
(b)

图 6.18

(2) 如图 6.19(a) 作辅助线,则
$$\angle F_1PQ = \angle F'F_1P - \angle F'QP$$
$$= \frac{1}{2}\angle F'F_1S - \frac{1}{2}\angle F'QS$$

((1) 中的情形 2,定理 6.13)
$$= \frac{1}{2}(\angle F'F_1S - \angle F'QS) = \frac{1}{2}\angle F_1SQ$$

同理
$$\angle F_2PR = \frac{1}{2}\angle F_2SR$$

所以
$$\angle F_1PQ = \angle F_2PR$$

如图 6.19(b) 作辅助线,则
$$\angle F_1PQ = \frac{1}{2}\angle F_1SQ(上面已证)$$

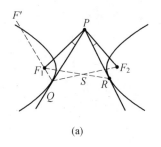
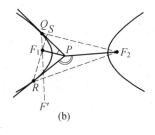

图 6.19

$$= \frac{1}{2}(\angle SRF_2 + \angle SF_2R)$$
$$= \angle PRF_2 + \angle PF_2R (定理 6.13,(1) 的情形 1)$$
$$= \pi - \angle F_2PR$$

所以
$$\angle F_1PQ + \angle F_2PR = \pi$$

例 6.8 作双曲线的实对称轴的垂直和双曲线及这双曲线的一条渐近线的交点之一各为点 P 及 P',求证:双曲线在点 P 的法线与渐近线在点 P' 的垂线相交于实对称轴上.

证明 如图 6.20,设双曲线的方程为
$$\frac{x^2}{a^2} - \frac{y^2}{b^2} = 1$$
则它的一条渐近线的方程为

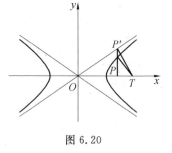

图 6.20

$$bx - ay = 0$$

设点 P 的横坐标为 x_0,则它的纵坐标为 $\frac{b}{a}\sqrt{x_0^2 - a^2}$(不妨假定 P 在第一象限).

点 P' 的横坐标也是 x_0,它的纵坐标为 $\frac{b}{a}x_0$(不妨设 P 在第一象限).于是双曲线在点 P 的法线方程为

$$a^2\sqrt{x_0^2 - a^2}\,x + abx_0 y - (a^2 + b^2)x_0(\sqrt{x_0^2 - a^2}) = 0$$

渐近线 $bx - ay = 0$ 在点 P' 的垂线方程为
$$a^2 x + aby - (a^2 + b^2)x_0 = 0$$

解这两个方程组成的方程组,得 $y = 0$.这就证明了双曲线在点 P 的法线与渐近线在点 P' 的垂线相交于实对称轴上.

6.9 点关于双曲线的切点弦与极线

6.9.1 点关于双曲线的切点弦

定理 6.15 双曲线外点 $P(x_0, y_0)$ 关于双曲线 $\dfrac{x^2}{a^2} - \dfrac{y^2}{b^2} = 1$（或 $\dfrac{x^2}{b^2} - \dfrac{y^2}{a^2} = -1$）的切点弦的方程为

$$\frac{x_0 x}{a^2} - \frac{y_0 y}{b^2} = 1 \quad \left(\text{或} \frac{x_0 x}{b^2} - \frac{y_0 y}{a^2} = -1\right)$$

说明 当 P 位于双曲线的一渐近线上时，它关于双曲线的切点弦不存在.

6.9.2 点关于双曲线的极线

定理 6.16 点 $P(x_0, y_0)$ 关于双曲线 $\dfrac{x^2}{a^2} - \dfrac{y^2}{b^2} = 1$（或 $\dfrac{x^2}{b^2} - \dfrac{y^2}{a^2} = -1$）的极线 p 的方程为

$$\frac{x_0 x}{a^2} - \frac{y_0 y}{b^2} = 1 \quad \left(\text{或} \frac{x_0 x}{b^2} - \frac{y_0 y}{a^2} = -1\right)$$

说明 参阅 4.5.2 的说明.

定理 4.10 和定理 4.11 对于双曲线的极线也成立.

例 6.9 一个椭圆的长轴和短轴分别为一条双曲线的实轴和虚轴. 求证：双曲线（或椭圆）上任意一点关于椭圆（或双曲线）的切点弦（或极线）和这双曲线（或椭圆）相切.

证明 设椭圆的方程为 $\dfrac{x^2}{a^2} + \dfrac{y^2}{b^2} = 1$，则双曲线的方程应为 $\dfrac{x^2}{a^2} - \dfrac{y^2}{b^2} = 1$. 在双曲线上任取一点 $P(x_0, y_0)$，则这点关于椭圆的切点弦（或极线）的方程为

$$b^2 x_0 x + a^2 y_0 y = a^2 b^2$$

设 $y_0 \neq 0$，这个方程可改写为

$$y = -\frac{b^2 x_0}{a^2 y_0} x + \frac{b^2}{y_0}$$

由于点 $P(x_0, y_0)$ 在已知双曲线上，故上面这个方程又可改写为

$$y = -\frac{b^2 x_0}{a^2 y_0} x \pm \sqrt{a^2 \left(-\frac{b^2 x_0}{a^2 y_0}\right)^2 - b^2}$$

(当 $y_0 > 0$ 时,取"+"号;当 $y_0 < 0$ 时,取"−"号),而这正是双曲线的一条切线. 设 $y_0 = 0$,这时 P 是双曲线的一个顶点,同时也是椭圆的左或右顶点,结论显然也成立.

同理可证,椭圆上任意一点关于双曲线的切点弦(或极线)也和这椭圆相切.

第7章 抛物线

7.1 抛物线的定义

定义 7.1 平面上到一个定点与到一条定直线(定点不在定直线上①)距离相等的点的轨迹叫作抛物线.定点叫作抛物线的焦点.定直线叫作抛物线的准线.焦点和准线之间的距离叫作抛物线的参数(焦参数、焦准距)(图 7.1).

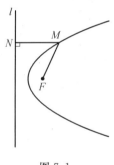

图 7.1

7.2 用平面截直圆锥面可以得到抛物线

定理 7.1 平行于直圆锥面的一条母线(只平行于这一条母线)的一个平面截直圆锥面,则所得的截痕是一条抛物线.

证明 分两步来证.首先证明:平行于直圆锥面的一条母线的截面与通过这母线的轴截面垂直.如图 7.2(a),设直圆锥的截面 α 平行于圆锥面的一条母线 VA,VO 是圆锥面的轴.我们来证明 α 垂直于轴截面 VOA(或通过 VO,VA 的平面).

---

① 注意定义中定点不在定直线上这个条件.当定点在定直线上时,轨迹是通过定点与定直线垂直的一条直线,这条直线可看作是抛物线的极限状态.

作垂直于轴的平面 π,垂足为 O,π 和圆锥面相交于圆 O,π 和 α 相交于直线 m,π 和母线 VA 相交于点 A.在 π 上通过 A 作 m 的平行线 AB,则 AB 一定和圆 O 相切.因为不然的话,假设 AB 和圆 O 另有一公共点 A',则母线 VA' 也平行于 α.这是因为 $VA \mathbin{/\mkern-2mu/} \alpha$,$AB \mathbin{/\mkern-2mu/} \alpha$(平面外的一条直线($AB$)如果和平面上的一条直线($m$)平行,那么,这条直线和平面平行),于是 VA 和 AB 确定的平面和 α 平行.而 VA' 在这平面上,所以 $VA' \mathbin{/\mkern-2mu/} \alpha$,这样,$\alpha$ 就和两条母线 VA 及 VA' 都平行了,这和已知条件矛盾;所以 AB 必和圆 O 相切.这样,$OA \perp AB$,所以 $OA \perp m$,又 $VO \perp m$,所以 m 垂直于轴截面 VOA,所以平面 α 垂直于轴截面 VOA(如果一个平面通过另一个平面的垂线,那么,这两个平面互相垂直).

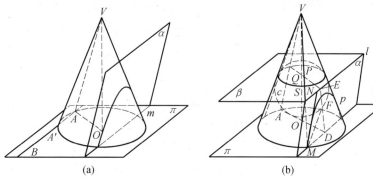

图 7.2

现在来证明截痕是抛物线,如图 7.2(b),平面 α 平行于直圆锥面的母线 VA,截圆锥面得的截痕是曲线 p.作球 S 和平面 α 相切于点 F,和圆锥面相切于圆 c.通过圆 c 作平面 β,β 和 α 相交于直线 l.我们来证明截痕 p 是以 F 为焦点,以 l 为准线的抛物线.

在曲线 p 上任取一点 M,联结线段 FM,作线段 $MN \perp l$ 于点 N,则 FM 与球 S 相切于点 F.通过 M 作母线 VM 和圆 c 相交于点 P,则
$$|FM| = |PM|$$
通过点 M 作平行于 β 的平面 π 和母线 VA 相交于点 A,又圆 c 和 VA 相交于点 Q,则
$$|PM| = |AQ|$$
通过 VA 及轴 VO 作平面和 β 相交于直线 QE,和 α 相交于直线 DE(D 是 DE 和 π 的交点),则 $AQ \mathbin{/\mkern-2mu/} DE$,所以
$$|AQ| = |DE|$$

附带说明一下,由于 $SF \perp \alpha$(因为 α 为球 S 的切面),而平面 $VOA \perp \alpha$(已证),所以 F 在平面 VAO 与 α 的交线 DE 上.

由于轴截面 VOA 和 α 垂直(已证),它也和 β 垂直,于是 α 和 β 的交线 l 也就和轴截面 VOA 垂直,所以 $l \perp DE$,从而 $DE \mathbin{/\mkern-6mu/} MN$. 所以 $|DE|=|MN|$. 这样便得

$$|FM|=|MN|$$

所以曲线 p 上任意一点 M 与点 F 及直线 l 的距离相等. 又截痕是平面连续曲线,所以曲线 p 是以点 F 为焦点,以直线 l 为准线的抛物线.

这个证明就是 5.2 提到的丹弟林和盖特莱的证明.

7.3　抛物线的标准方程

定理 7.2　设 $p>0$. 以 $F(\dfrac{p}{2},0)$ 为焦点,以 $l:x=-\dfrac{p}{2}$ 为准线的抛物线(图 7.3)的方程为

$$y^2=2px \tag{7.1}$$

以 $F(-\dfrac{p}{2},0)$ 为焦点,以 $l:x=\dfrac{p}{2}$ 为准线的抛物线(图 7.4)的方程为

$$y^2=-2px \tag{7.2}$$

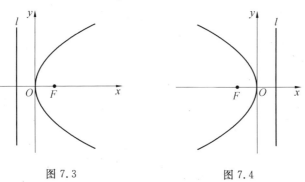

图 7.3　　　　　图 7.4

以 $F(0,\dfrac{p}{2})$ 为焦点,以 $l:y=-\dfrac{p}{2}$ 为准线的抛物线(图 7.5)的方程为

$$x^2=2py \tag{7.3}$$

以 $F(0,-\dfrac{p}{2})$ 为焦点,以 $l:y=\dfrac{p}{2}$ 为准线的抛物线(图 7.6)的方程为

$$x^2=-2py \tag{7.4}$$

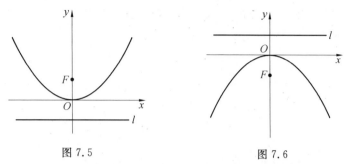

图 7.5　　　　　　　　图 7.6

(7.1)～(7.4)都叫作抛物线的标准方程(规范方程).这时的坐标系叫作抛物线的标准坐标系.

在这里,我们还必须说一下,由(7.1)～(7.4)可知,凡形如
$$Cy^2 + 2Dx = 0 \tag{7.5}$$
或
$$Ax^2 + 2Ey = 0 \tag{7.6}$$
并且 $C \neq 0, D \neq 0, A \neq 0, E \neq 0$ 的方程一定表示抛物线.

在(7.5)中 $C \neq 0, D = 0$,或在(7.6)中 $A \neq 0, E = 0$,这时(7.5)和(7.6)实际上都表示两条重合直线,把它叫作退缩抛物线.这样,在(7.5)中,只要 $C \neq 0$,在(7.6)中,只要 $A \neq 0$,它们就总表示抛物线.

7.4　抛物线的基本性质及有关概念

7.4.1　对称性

抛物线(7.1)和(7.2)只关于 x 轴对称,抛物线(7.3)和(7.4)只关于 y 轴对称.

由以上的讨论,我们给出以下的定义:抛物线的唯一的对称轴也叫作它的轴.

抛物线没有对称中心,所以抛物线是无心型圆锥曲线.

7.4.2　截距

抛物线(7.1)的横截距、纵截距都是 0,即它和坐标轴除原点外没有其他公

共点.抛物线(7.2)~(7.4)情形完全一样.

抛物线和它的轴的交点叫作它的顶点.抛物线(7.1)~(7.4)的顶点都是原点.

7.4.3 范围

抛物线(7.1)上的点位于 y 轴上或其右侧,向右无限伸展;并且向上、下无限伸展.抛物线(7.2)上的点位于 y 轴上或其左侧,向左无限伸展;并且向上、下无限伸展.抛物线(7.3)上的点位于 x 轴上或其上侧,向上无限伸展;并且向左、右无限伸展.抛物线(7.4)上的点位于 x 轴上或其下侧,向下无限伸展;并且向左、右无限伸展.

7.4.4 离心率

定义 7.2 抛物线上任意一点到焦点的距离与它到准线的距离的比叫作抛物线的离心率.

由抛物线的定义可知,抛物线的离心率 $e=1$.抛物线的离心率是一个固定的数,因此所有抛物线都是相似的.

为证明这一事实,如图 7.7,取两条焦参数不同的抛物线,把它们这样放置:顶点都在原点,都以 x 轴为轴,并且开口都向右.这样,可设它们的方程分别为

$$y^2 = 2px \quad \text{和} \quad y^2 = 2p'x$$

$p > 0, p' > 0$.以 O 为端点作射线和两抛物线各相交于点 M, M',从 M, M' 各向 x 轴引垂线段 $MN, M'N'$,则

$$\frac{|OM|}{|OM'|} = \frac{|ON|}{|ON'|}$$

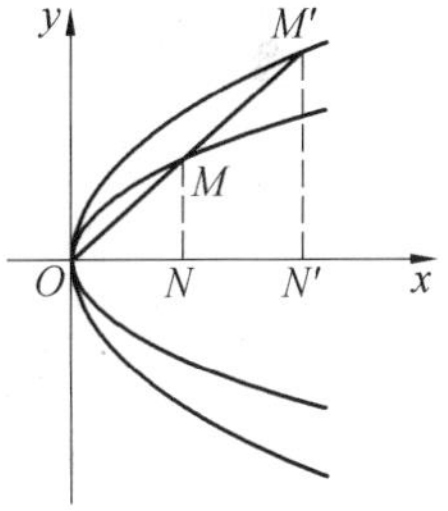

设 OM 的方程为

图 7.7

$$y = kx \quad (k \neq 0)$$

则它和 $y^2 = 2px$ 的交点 M 的横坐标 $|ON| = \dfrac{2p}{k^2}$,它和 $y^2 = 2p'x$ 的交点 M' 的横坐标 $|ON'| = \dfrac{2p'}{k^2}$,所以

$$\frac{|ON|}{|ON'|} = p : p' = 定值$$

从而
$$\frac{|OM|}{|OM'|} = p : p' = 定值$$

所以这两条抛物线是位似图形，从而它们相似.

在直观上，我们总觉得，随便两条抛物线并不相似，这是因为我们所看到的只是它们的一小部分，而不是全貌.

7.4.5 抛物线的通径、焦半径

抛物线的弦、焦点弦、通径、焦半径这些概念与椭圆中的同名概念定义相同.

定理 7.3 抛物线(7.1)~(7.4)的通径的长为 $2p$.

定理 7.4 抛物线(7.1)上任意一点 $M(x', y')$ 的焦半径 FM 的长
$$|FM| = x' + \frac{p}{2}$$

(对抛物线(7.2)~(7.4)来说，分别有 $|FM| = -x' + \frac{p}{2}$，$|FM| = y' + \frac{p}{2}$，$|FM| = -y' + \frac{p}{2}$).

例 7.1 证明：抛物线 $y^2 = 2px$ 的倾斜角为 θ 的焦点弦的长为 $\frac{2p}{\sin^2 \theta}$.

证明 如图 7.8，当焦点弦 MN 的倾斜角 $\theta \neq \frac{\pi}{2}$ 时，焦点弦 MN 所在直线方程为
$$y = (x - \frac{p}{2}) \tan \theta$$ 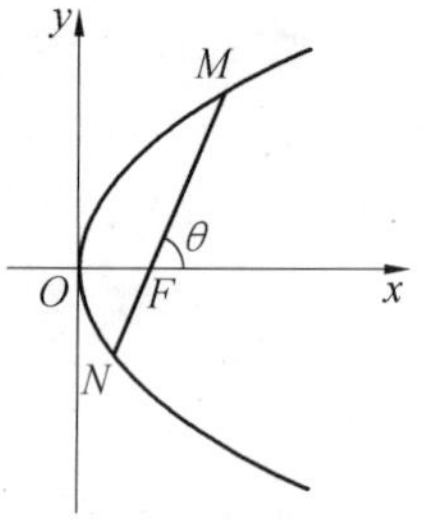

端点 M, N 的坐标为方程组
$$\begin{cases} y^2 = 2px \\ y = (x - \frac{p}{2}) \tan \theta \end{cases}$$

图 7.8

的解. 消去 y 得 x 的二次方程
$$x^2 \tan^2 \theta - (p \tan^2 \theta + 2p) x + \frac{1}{4} p^2 \tan^2 \theta = 0$$

设它的两个根为 x_1 和 x_2，则

$$x_1 + x_2 = \frac{p\tan^2\theta + 2p}{\tan^2\theta}$$

这即是 M,N 的横坐标的和,由定理 7.4 得

$$|MN| = |FM| + |FN| = (x_1 + \frac{p}{2}) + (x_2 + \frac{p}{2})$$

$$= \frac{p\tan^2\theta + 2p}{\tan^2\theta} + p$$

$$= \frac{2p}{\sin^2\theta}$$

当 $\theta = \frac{\pi}{2}$ 时,以上结论显然也成立.

例 7.2 MN 是抛物线的任一焦点弦,F 是焦点,求证

$$\frac{1}{|FM|} + \frac{1}{|FN|} = 定值$$

证明 设抛物线的方程为 $y^2 = 2px$,则它的焦点 F 的坐标为 $(\frac{p}{2}, 0)$.那么,焦点弦 MN 所在直线的方程为 $y = k(x - \frac{p}{2})(k \neq 0$,并假定 MN 不垂直于 x 轴).通过解方程组可求出 M,N 的横坐标各为

$$\frac{(k^2 + 2 + 2\sqrt{1+k^2})p}{2k^2} \quad 和 \quad \frac{(k^2 + 2 - 2\sqrt{1+k^2})p}{2k^2}$$

所以

$$|FM| = \frac{(k^2 + 2 + 2\sqrt{1+k^2})p}{2k^2} + \frac{p}{2}$$

$$= \frac{\sqrt{1+k^2}(\sqrt{1+k^2} + 1)p}{k^2}$$

$$|FN| = \frac{(k^2 + 2 - 2\sqrt{1+k^2})p}{2k^2} + \frac{p}{2}$$

$$= \frac{\sqrt{1+k^2}(\sqrt{1+k^2} - 1)p}{k^2}$$

所以

$$\frac{1}{|FM|} + \frac{1}{|FN|} = \frac{2}{p}(定值)$$

当 MN 垂直于 x 轴时,以上结论显然也成立.

例 7.3 (1) 已知抛物线 $y^2 = 2px$ 的内接 $\triangle ABC$ 的三个顶点 A,B,C 的纵

坐标分别为 y_1, y_2, y_3. 求证:这个三角形的面积

$$S = \frac{1}{4p} \mid (y_1 - y_2)(y_2 - y_3)(y_3 - y_1) \mid$$

(2) 若 A, B 是抛物线 $y^2 = 2px$ 上的两点,并且它们的纵坐标分别为 y_1, y_2, 通过弦 AB 的中点作抛物线的轴的平行线和抛物线相交于点 C, 求证: $\triangle ABC$ 的面积

$$S = \frac{1}{16p} \mid y_1 - y_2 \mid^3$$

证明 （1）$\triangle ABC$ 的顶点 A, B, C 的坐标显然分别为 $\left(\frac{y_1^2}{2p}, y_1\right)$, $\left(\frac{y_2^2}{2p}, y_2\right)$, $\left(\frac{y_3^2}{2p}, y_3\right)$, 所以 $\triangle ABC$ 的面积

$$S = \frac{1}{2} \left| \frac{y_1^2}{2p} \cdot y_2 - \frac{y_2^2}{2p} \cdot y_1 + \frac{y_2^2}{2p} \cdot y_3 - \right.$$

$$\left. \frac{y_3^2}{2p} \cdot y_2 + \frac{y_3^2}{2p} \cdot y_1 - \frac{y_1^2}{2p} \cdot y_3 \right|$$

$$= \frac{1}{4p} \mid y_1^2 y_2 - y_2^2 y_1 + y_2^2 y_3 - y_3^2 y_2 + y_3^2 y_1 - y_1^2 y_3 \mid$$

$$= \frac{1}{4p} \mid (y_1 - y_2)(y_2 - y_3)(y_3 - y_1) \mid$$

(2) 已知 $\triangle ABC$ 的顶点 A, B 的纵坐标分别为 y_1, y_2, 所以顶点 C 的纵坐标显然为 $\frac{1}{2}(y_1 + y_2)$. 由 (1) 的结果可知 $\triangle ABC$ 的面积

$$S = \frac{1}{4p} \left| (y_1 - y_2)\left(y_2 - \frac{y_1 + y_2}{2}\right)\left(\frac{y_1 + y_2}{2} - y_1\right) \right|$$

$$= \frac{1}{16p} \mid y_1 - y_2 \mid^3$$

例 7.4 已知抛物线 $y = x^2$ 有长为 $l(l \geqslant 1)$ 的动弦 AB, 求这弦的中点 M 到 x 轴的最小距离,并求出这时点 M 的坐标.

解 设直线 AB 的倾斜角为 $\alpha \left(\text{不妨设 } 0 \leqslant \alpha < \frac{\pi}{2}\right)$, 并且与 $y = x^2$ 的交点 A, B 的坐标各为 $(x_1, x_1^2), (x_2, x_2^2)$, 则由定理 1.19 的推论得

$$x_2 - x_1 = l\cos\alpha \tag{7.7}$$
$$x_2^2 - x_1^2 = l\sin\alpha$$

所以

$$x_1 + x_2 = \tan\alpha \tag{7.8}$$

解(7.7)与(7.8)组成的方程组,得

$$x_1 = \frac{1}{2}(\tan \alpha - l\cos \alpha)$$

$$x_2 = \frac{1}{2}(\tan \alpha + l\cos \alpha)$$

设弦 AB 的中点 M 的坐标为 (x_0, y_0),则

$$y_0 = \frac{x_1^2 + x_2^2}{2} = \frac{1}{4}(\tan^2 \alpha + l^2 \cos^2 \alpha)$$

$$= \frac{1}{4}(\sec^2 \alpha + l^2 \cos^2 \alpha - 1)$$

$$= \frac{1}{4}[(\sec \alpha - l\cos \alpha)^2 + 2l - 1]$$

所以,当且仅当 $\sec \alpha = l\cos \alpha$,即 $\cos \alpha = \frac{1}{\sqrt{l}}$ 时,y_0 取得最小值 $\frac{1}{4}(2l-1)$,这即是 M 到 x 轴的最小距离,又

$$x_0 = \frac{x_1 + x_2}{2} = \frac{\tan \alpha}{2} = \frac{\sqrt{\sec^2 \alpha - 1}}{2} = \frac{\sqrt{l-1}}{2}$$

所以离 x 轴最近的点 M 的坐标之一为 $\left(\frac{\sqrt{l-1}}{2}, \frac{2l-1}{4}\right)$. 由对称性可知 $\left(-\frac{\sqrt{l-1}}{2}, \frac{2l-1}{4}\right)$ 也是 M 的坐标.

例 7.5 已知抛物线的一条垂直于它的轴的弦长为 $2a$,它的顶点与这弦的距离为 h,画这抛物线的一种方法如下:如图 7.9,作矩形 $ABCD$,使 $|AB|=|CD|=2a$,$|AD|=|BC|=h$. 取 AB,CD 的中点 H,O,把 BH,CO,BC 各分为 n 等分. BH 上的分点从右到左依次为 $P_1, P_2, \cdots, CO$ 上的分点从右到左依次为 $P_1', P_2', P_3', \cdots$,BC 上的分点从下到上依次为 $Q_1, Q_2, Q_3, \cdots$,联结线段 $P_1P_1', P_2P_2', P_3P_3', \cdots$,联结线段 $OQ_1, OQ_2, OQ_3, \cdots$,线段 $P_1P_1', P_2P_2', P_3P_3', \cdots$ 各与线段 $OQ_1, OQ_2, OQ_3, \cdots$ 依次相交于点 $M_1, M_2, M_3, \cdots$,则 $M_1, M_2, M_3, \cdots$ 都是抛物线的轴的一侧的点. 用同样方法可作出轴的另一侧的点. O, A, B 也是抛物线上的点. 用平滑曲线顺势联结以上画出的各点,就得到所要画的抛物线的大体形象.

请读者参考图 7.9 给出作图的证明.

上述画法叫作画抛物线的"矩形法".

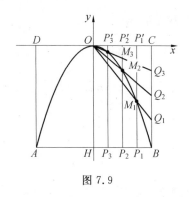

图 7.9

7.5 点和抛物线的相关位置

定义 7.3 如果一点与抛物线的焦点的距离等于它与准线的距离,就说这点在抛物线上;如果一点与抛物线的焦点的距离小于它与准线的距离,就说这点在抛物线内;如果一点与抛物线的焦点的距离大于它与准线的距离,就说这点在抛物线外.

如图 7.10 中的点 M 在抛物线内,点 N 在抛物线外.

抛物线的内点、内域、外点、外域的意义参考 5.5.

以上述定义为依据,用反证法容易证明以下定理.

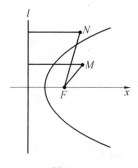

图 7.10

定理 7.5 当一个点在抛物线上时,则这点与抛物线的焦点的距离等于它与准线的距离;当一个点在抛物线内时,则这点与抛物线的焦点的距离小于它与准线的距离;当一个点在抛物线外时,则这点与抛物线的焦点的距离大于它与准线的距离.

由这个定理容易推出以下的定理.

定理 7.6 设点 M 的坐标为 (x_0, y_0),抛物线的方程为 $y^2 = 2px(p > 0)$,则:

(1) 当点 M 在抛物线上时,$y_0^2 = 2px_0$;

(2) 当点 M 在抛物线内时,$y_0^2 < 2px_0$;

(3) 当点 M 在抛物线外时,$y_0^2 > 2px_0$.

并且反过来也成立.

7.6 抛物线的切线与法线

7.6.1 抛物线的切线方程

1. 抛物线上一点的切线方程

定理 7.7 抛物线
$$y^2 = \pm 2px \quad 或 \quad x^2 = \pm 2py$$
上一点 $M(x_0, y_0)$ 的切线方程分别为
$$y_0 y = \pm p(x + x_0) \quad 和 \quad x_0 x = \pm p(y + y_0)$$

推论 抛物线 $Cy^2 + 2Dx = 0$ 或 $Ax^2 + 2Ey = 0 (C, D, A, E \neq 0)$ 上一点 $M(x_0, y_0)$ 的切线方程分别为
$$Cy_0 y + D(x + x_0) = 0 \text{ 和 } Ax_0 x + E(y + y_0) = 0$$

由定理 7.7 知,求抛物线上一点的切线方程仍可用"替换法则".

例 7.6 抛物线 $y^2 = 2px$ 上的点 $P(x_1, y_1)$ 和 $Q(x_2, y_2)$ 的切线相交于点 $T(x', y')$,这两点的法线相交于点 $N(x'', y'')$.求证:

(1) $x' = \dfrac{y_1 y_2}{2p}, y' = \dfrac{y_1 + y_2}{2}$;

(2) $x'' = p + \dfrac{y_1^2 + y_1 y_2 + y_2^2}{2p}, y'' = -\dfrac{y_1 y_2 (y_1 + y_2)}{2p^2}$.

其中(1) 是一个有用的结果.

证明 (1) 点 $P(x_1, y_1)$ 和 $Q(x_2, y_2)$ 的切线方程分别为
$$y_1 y = p(x + x_1) \quad 和 \quad y_2 y = p(x + x_2)$$

解这两个方程组成的方程组,得

$$x' = x = \frac{x_1 y_2 - x_2 y_1}{y_1 - y_2}, \quad y' = y = \frac{p(x_1 - x_2)}{y_1 - y_2} \tag{7.9}$$

因为 P, Q 都在抛物线上,所以有
$$y_1^2 = 2px_1, \quad y_2^2 = 2px_2$$

从而
$$x_1 = \frac{y_1^2}{2p}, \quad x_2 = \frac{y_2^2}{2p}$$

把 $x_1 = \frac{y_1^2}{2p}, x_2 = \frac{y_2^2}{2p}$ 代入(7.9),化简便得(1).

(2) 点 $P(x_1, y_1)$ 和 $Q(x_2, y_2)$ 的法线方程分别为
$$y - y_1 = -\frac{y_1}{p}(x - x_1) \quad 和 \quad y - y_2 = -\frac{y_2}{p}(x - x_2)$$

解这两个方程组成的方程组,得
$$x'' = x = p + \frac{x_1 y_1 - x_2 y_2}{y_1 - y_2}, \quad y'' = y = -\frac{y_1 y_2 (x_1 - x_2)}{p(y_1 - y_2)} \tag{7.10}$$

由于 $x_1 = \frac{y_1^2}{2p}, x_2 = \frac{y_2^2}{2p}$,把 $x_1 = \frac{y_1^2}{2p}, x_2 = \frac{y_2^2}{2p}$ 代入(7.10),化简便得(2).

例 7.7 已知抛物线 $y^2 = 2px$ 的内接三角形的两边所在直线都和抛物线 $x^2 = 2qx$ 相切,求证:这个三角形的第三边所在直线也和 $x^2 = 2qy$ 相切(图 7.11).

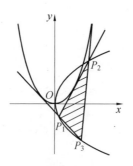

图 7.11

证明 设抛物线 $y^2 = 2px$ 的内接 $\triangle P_1 P_2 P_3$ 的顶点 P_1, P_2, P_3 的坐标依次为 $\left(\frac{y_1^2}{2p}, y_1\right), \left(\frac{y_2^2}{2p}, y_2\right), \left(\frac{y_3^2}{2p}, y_3\right)$ $(y_i \neq 0)$,则直线 $P_2 P_3$ 的方程为
$$y - y_2 = \frac{2p}{y_2 + y_3}\left(x - \frac{y_2^2}{2p}\right)$$

它和抛物线的方程

$$x^2 = 2qy \qquad (7.11)$$

联立,消去 y,得

$$\left(\frac{y_2 + y_3}{2q}\right)x^2 - 2px - y_2 y_3 = 0$$

它的根的判别式为

$$\Delta_1 = \frac{4p^2 q + 2y_2 y_3 (y_2 + y_3)}{q}$$

用同样的方法,把直线 $P_3 P_1$ 的方程与方程(7.11)联立,消去 y,得二次方程的根的判别式为

$$\Delta_2 = \frac{4p^2 q + 2y_3 y_1 (y_3 + y_1)}{q}$$

把直线 $P_1 P_2$ 的方程与方程(7.11)联立,消去 y,得二次方程的根的判别式为

$$\Delta_3 = \frac{4p^2 q + 2y_1 y_2 (y_1 + y_2)}{q}$$

设直线 $P_2 P_3$ 及 $P_3 P_1$ 都和抛物线(7.11)相切,则 $\Delta_1 = \Delta_2 = 0$,即

$$\begin{cases} 4p^2 q + 2y_2 y_3 (y_2 + y_3) = 0 & (7.12) \\ 4p^2 q + 2y_3 y_1 (y_3 + y_1) = 0 & (7.13) \end{cases}$$

由(7.12),(7.13)得

$$y_2 y_3 (y_2 + y_3) = y_3 y_1 (y_3 + y_1)$$

由于 $y_3 \neq 0$,所以

$$y_2^2 + y_2 y_3 = y_3 y_1 + y_1^2$$

由此得

$$y_1^2 - y_2^2 = y_3 (y_2 - y_1)$$

显然 $y_1 \neq y_2$,所以

$$y_3 = -(y_1 + y_2) \qquad (7.14)$$

把(7.14)代入(7.12)(或(7.13))消去 y_3,得 y_1, y_2 的关系式

$$4p^2 q - 2y_2 (y_1 + y_2)(y_2 - y_1 - y_2) = 0$$

所以

$$\Delta_3 = \frac{4p^2 q + 2y_1 y_2 (y_1 + y_2)}{q} = 0$$

这说明直线 $P_1 P_2$ 和抛物线 $x^2 = 2qy$ 相切.

2. 抛物线的已知斜率的切线方程

定理 7.8 抛物线

$$y^2 = \pm 2px \quad \text{或} \quad x^2 = \pm 2py$$

的斜率为 k 的切线方程分别为

$$y = kx \pm \frac{p}{2k} \quad \text{和} \quad y = kx \mp \frac{pk^2}{2}$$

说明 从以上公式看,并不是对任何给定的斜率都有抛物线的切线.对抛物线 $y^2 = \pm 2px$ 来说,切线的斜率不得为 0.换句话说,平行于它的轴的直线不会是它的切线.

例7.8 求抛物线 $y^2 = 2px$ 的两条垂直切线的交点的轨迹.

解 设一条切线的斜率为 k,则另一条切线的斜率为 $-\frac{1}{k}$,所以一条切线的方程为

$$y = kx + \frac{p}{2k} \tag{7.15}$$

则另一条切线的方程为

$$y = \left(-\frac{1}{k}\right)x + \frac{p}{2\left(-\frac{1}{k}\right)}$$

即

$$y = -\frac{1}{k}x - \frac{kp}{2} \tag{7.16}$$

要求(7.15)和(7.16)的交点的轨迹方程,只需由(7.15)和(7.16)消去 k 即可.为此,把(7.15)和(7.16)左右分别相减,得

$$\left(k + \frac{1}{k}\right)x + \frac{p}{2}\left(k + \frac{1}{k}\right) = 0$$

消去 $k + \frac{1}{k}$ $\left(\text{因为 } k^2 + 1 \neq 0, \text{所以 } k + \frac{1}{k} \neq 0\right)$ 便得

$$x = -\frac{p}{2}$$

由此可知,抛物线的两条垂直切线的交点的轨迹是这抛物线的准线.

例7.9 已知抛物线 $y^2 = 2px$ 上的点到直线 $l: x - y + 3 = 0$ 的最小距离为 $\frac{5\sqrt{2}}{4}$,求这抛物线的方程.

解 如图 7.12,作与 l 平行并且与抛物线 $y^2 = 2px$ 相切的直线 l',则由定理 7.8,直线 l' 的方程为

$$x - y + \frac{p}{2} = 0$$

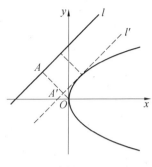

图 7.12

又 l 与 l' 之间的距离为所给最小距离,通过 O 作 l,l' 的垂线,垂足各为 A,A',则

$$\frac{5\sqrt{2}}{4}=|AA'|=|OA|-|OA'|=\frac{3\sqrt{2}}{2}-\frac{p\sqrt{2}}{4}$$

由此得

$$p=1$$

所以抛物线的方程为

$$y^2=2x$$

3. 从已知点到已知抛物线引的切线的方程

定理 7.9 从已知点 $M(x_0,y_0)$ 到已知抛物线 $y^2=2px$ 引的切线的方程为
$$(y_0^2-2px_0)(y^2-2px)=[y_0y-p(x+x_0)]^2$$

7.6.2 抛物线的切线和法线的性质及判定定理

定理 7.10(抛物线的光学性质) 抛物线上一点的法线平分这点的焦半径与通过这点并且平行于轴的直线所成的角.并且反过来也成立(图 7.13).

定理 7.11(彭斯雷定理) 从抛物线外一点 P 作抛物线的切线 PQ 和 PR(切点为 Q,R),F 是抛物线的焦点,则
$$\angle PFQ=\angle PFR$$

证明 如图 7.14,从点 P 作焦半径 FQ,FR(或其延长线)的垂线 PH,PK(垂足为 H,K),从 P 作准线 l 的垂线 PE(垂足为 E),则由亚丹姆斯定理得
$$|FH|=|PE|,|FK|=|PE|$$

所以

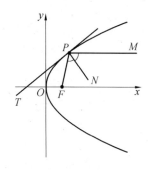

图 7.13

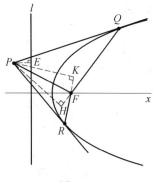

图 7.14

$|FH|=|FK|$

从而

$$\angle PFQ = \angle PFR$$

7.7 点关于抛物线的切点弦与极线

7.7.1 点关于抛物线的切点弦

定理 7.12 抛物线外一点 $P(x_0, y_0)$ 关于抛物线 $y^2 = \pm 2px$（或 $x^2 = \pm 2py$）的切点弦的方程为

$$y_0 y = \pm p(x + x_0) \quad (\text{或 } x_0 x = \pm p(y + y_0))$$

7.7.2　点关于抛物线的极线

定理 7.13　点 $P(x_0,y_0)$ 关于抛物线 $y^2=\pm 2px$（或 $x^2=\pm 2py$）的极线 p 的方程为

$$y_0 y=\pm p(x+x_0) \quad (\text{或 } x_0 x=\pm p(y+y_0))$$

说明　参阅 4.5.2 的说明,只是平面上的每个点关于抛物线的极线都存在.

定理 4.10 和定理 4.11 对于抛物线的极线也成立.

例 7.10　求证:抛物线的任意一条焦点弦两端的切线相交于准线上,反过来,从准线上任意一点引抛物线的两条切线,则这两切点的连线是焦点弦.

证明　设抛物线的方程为 $y^2=2px$,则焦点弦所在直线的方程为

$$y=k\left(x-\frac{p}{2}\right) \quad (k\neq 0) \tag{7.17}$$

设焦点弦两端的切线的交点为 $P(x_0,y_0)$,则 P 关于这抛物线的切点弦的方程又为

$$y_0 y=p(x+x_0) \tag{7.18}$$

由于(7.17)和(7.18)表示同一直线,所以有

$$\frac{p}{k}=\frac{y_0}{1}=\frac{px_0}{-\frac{kp}{2}}$$

由此得 $x_0=-\frac{p}{2}$,这说明点 P 在准线上.当焦点弦与 x 轴垂直时,P 也在准线上.

反过来,在准线上任取一点 $P(-\frac{p}{2},y_0)$,则它关于抛物线的切点弦的方程为

$$y_0 y=p\left(x-\frac{p}{2}\right)$$

这切点弦显然通过焦点 $F(\frac{p}{2},0)$,即从 P 引抛物线的两条切线,则两切点的连线是焦点弦.

说明　由本例和 7.6.1 的 2 中的例 7.8 可知:抛物线的焦点弦两端的切线的交点的轨迹与抛物线的垂直切线的交点的轨迹相同,都是抛物线的准线.

例 7.11 从抛物线外一点 T 引抛物线的两条切线 TP,TQ,切点为 P,Q,联结弦 PQ,通过 T 与抛物线的轴平行的直线交抛物线于点 U,交弦 PQ 于点 V,求证:

(1) V 为弦 PQ 的中点;

(2) U 为线段 TV 的中点;

(3) 抛物线在点 U 的切线 RS(R,S 各为切线与 TP,TQ 的交点) 平行于 PQ;点 U 平分 RS.

证明 (1) 如图 7.15,设抛物线的方程为 $y^2=2px$,设 T 的坐标为 (h,k),由于直线 PQ 是 T 关于抛物线的切点弦,所以直线 PQ 的方程为
$$ky=p(x+h)$$

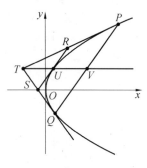

图 7.15

设切点 P,Q 的纵坐标各为 y_1,y_2,则 y_1,y_2 为方程组
$$\begin{cases} y^2=2px \\ ky=p(x+h) \end{cases}$$
的解.消去 x 得 y 的二次方程
$$y^2-2ky+2ph=0$$
由二次方程的根与系数的关系得
$$y_1+y_2=2k$$
所以弦 PQ 的中点的纵坐标为 k,而点 V 的纵坐标也是 k,所以 V 为弦 PQ 的中点.

(2) TV 和抛物线的交点 U 的坐标为 $\left(\dfrac{k^2}{2p},k\right)$,点 V 的坐标为 $\left(\dfrac{k^2}{p}-h,k\right)$,于是知 U 为线段 TV 的中点.

(3) 点 U 的切线 RS 的方程为
$$ky=p\left(x+\dfrac{k^2}{2p}\right)$$

它的斜率为 $\dfrac{p}{k}$，而弦 PQ 的斜率也为 $\dfrac{p}{k}$，所以 $RS \parallel PQ$. 由于 $RS \parallel PQ$，而点 V 平分 PQ，所以点 U 平分 RS.

7.8　抛物线弓形的面积

抛物线和它的一条弦围成的封闭图形叫作抛物线弓形. 要计算抛物线弓形的面积，先证明以下的预备定理.

预备定理　设 P_1, P_2, P_3 是抛物线上三点，这三点的切线围成的三角形为 $Q_1 Q_2 Q_3$，则
$$S_{\triangle P_1 P_2 P_3} = 2 S_{\triangle Q_1 Q_2 Q_3}$$

证明　如图 7.16，设抛物线的方程为 $y^2 = 2px$，设点 P_1, P_2, P_3 的纵坐标分别为 y_1, y_2, y_3，由 7.4 的例 7.3 得
$$S_{\triangle P_1 P_2 P_3} = \dfrac{1}{4p} \mid (y_1 - y_2)(y_2 - y_3)(y_3 - y_1) \mid$$

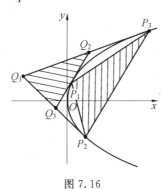

图 7.16

由 7.6.1 中的例 7.8，点 Q_1, Q_2, Q_3 的坐标分别为 $\left(\dfrac{y_2 y_3}{2p}, \dfrac{y_2 + y_3}{2}\right)$，$\left(\dfrac{y_3 y_1}{2p}, \dfrac{y_3 + y_1}{2}\right)$，$\left(\dfrac{y_1 y_2}{2p}, \dfrac{y_1 + y_2}{2}\right)$，由定理 1.23 得
$$S_{\triangle Q_1 Q_2 Q_3} = \dfrac{1}{8p} \mid (y_1 - y_2)(y_2 - y_3)(y_3 - y_1) \mid$$

所以
$$S_{\triangle P_1 P_2 P_3} = 2 S_{\triangle Q_1 Q_2 Q_3}$$

定理 7.14(阿基米德[①]定理) 抛物线和它的一条弦围成的抛物线弓形的面积等于这弦以及这弦两端的切线围成的三角形的面积的三分之二.

证明 如图 7.17,PQ 是抛物线弓形的弦,点 P,Q 的切线相交于点 C. 在弧 PQ 上任取一点 R,通过 R 作抛物线的切线与切线 PC,QC 各相交于点 B 和 A,由预备定理有

$$S_{\triangle PQR} = 2S_{\triangle ABC} \tag{7.19}$$

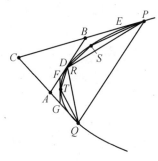

图 7.17

在弧 PR 上任取一点 S,通过 S 作抛物线的切线与切线 PB,RB 各相交于点 E 和 D,联结线段 PS,RS,由预备定理有

$$S_{\triangle PRS} = 2S_{\triangle BDE} \tag{7.20}$$

如图同样有

$$S_{\triangle QRT} = 2S_{\triangle AFG} \tag{7.21}$$

$$\vdots$$

把 (7.19),(7.20),(7.21),$\cdots$ 各等式左、右分别相加,便得

$$\begin{aligned} & S_{\triangle PQR} + S_{\triangle PRS} + S_{\triangle QRT} + \cdots \\ & = 2(S_{\triangle ABC} + S_{\triangle BDE} + S_{\triangle AFG} + \cdots) \end{aligned} \tag{7.22}$$

如果在抛物线弧上取的点 $R,S,T,\cdots$ 无限增多,并且它们把抛物线弧 PQ 分成的各小段弧对的弦长都逼近于 0,那么,(7.22) 的左端逼近于抛物线弓形的面积. 而 (7.22) 的右端逼近于抛物线弧 PQR 以及切线 PC,QC 围成的曲边三角形的面积,而 (7.22) 恒成立,所以 (7.22) 的左端的极限等于右端的极限,从而抛物线弓形的面积为曲边 $\triangle PQC$ 的面积的两倍. 这就证明了抛物线弓形的面积等于 $\triangle PQC$ 的面积的三分之二.

[①] 阿基米德(Archimedes,前 287—212)希腊数学家、哲学家、物理学家.

在直角坐标系中,计算抛物线弓形的面积,有以下的定理.

定理7.15 若抛物线的方程为 $y^2 = 2px$,它上面的两个点 P 和 Q 的纵坐标分别为 y_1 和 y_2,则弦 PQ 和抛物线围成的抛物线弓形的面积为 $\dfrac{1}{12p} |y_1 - y_2|^3$.

证明 如图7.18,通过弦 PQ 的中点作轴的平行线与抛物线相交于点 R,联结弦 PR, QR,则由7.4的例7.3得

$$S_{\triangle PQR} = \frac{1}{16p} |y_1 - y_2|^3$$

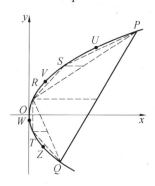

图7.18

通过 PR, QR 的中点分别作轴的平行线与抛物线各相交于点 S 和 T. 用和上面相同的方法可以算出 $\triangle PRS$ 与 $\triangle QRT$ 的面积的和为

$$\frac{1}{64p} |y_1 - y_2|^3 = \frac{1}{4 \times 16p} |y_1 - y_2|^3$$

由此可见,$\triangle PQR$ 的面积为 $\triangle PRS$ 与 $\triangle QRT$ 的面积的和的四倍. 用以上的方法再作出 $\triangle PSU, \triangle SRV, \triangle RTW, \triangle TQZ$,则由上述的道理可知 $\triangle PRS$ 与 $\triangle QRT$ 的面积的和为上述这四个三角形的面积的和的四倍,所以这四个三角形面积的和为

$$\frac{1}{4 \times 4 \times 16p} |y_1 - y_2|^3$$

把以上这种作三角形过程无限继续下去,则这无限多个三角形的面积的和为

$$\frac{1}{16p} |y_1 - y_2|^3 + \frac{1}{4 \times 16p} |y_1 - y_2|^3 + \frac{1}{4^2 \times 16p} |y_1 - y_2|^3 + \cdots$$

用无穷递减等比数列求和公式可知,这无限多个三角形面积的和为

$$\frac{\frac{1}{16p}|y_1-y_2|^3}{1-\frac{1}{4}}=\frac{1}{12p}|y_1-y_2|^3$$

这个和正是抛物线弓形的面积.

推论 抛物线 $x^2=2py$ 上两点 P 和 Q 的横坐标分别为 x_1 和 x_2,则弦 PQ 与抛物线围成的抛物线弓形的面积为 $\frac{1}{12p}|x_1-x_2|^3$.

例 7.12 求直线 $2x-y-12=0$ 与抛物线 $y^2=4x$ 围成的抛物线弓形的面积.

解法 1 直线与抛物线的两个交点 A,B 的坐标容易求得为 $(9,6)$ 和 $(4,-4)$,抛物线在点 A 和 B 的切线的交点 C 的坐标为 $\left(\frac{6\times(-4)}{4},\frac{6+(-4)}{2}\right)=(-6,1)$(7.6.1 的例 7.6). 所以 △$ABC$ 的面积为

$$\left|\frac{1}{2}\times\begin{vmatrix}9 & 6 & 1\\ -6 & 1 & 1\\ 4 & -4 & 1\end{vmatrix}\right|=\frac{125}{2}$$

所以以 AB 为弦的抛物线弓形的面积为

$$\frac{2}{3}\times\frac{125}{2}=41\frac{2}{3}$$

解法 2 因为 $p=2,A$ 和 B 的纵坐标各为 6 和 -4,由定理 7.15,以 AB 为弦的抛物线弓形的面积为

$$\frac{1}{12\times 2}\times|6-(-4)|^4=41\frac{2}{3}$$

第 8 章 坐标变换,二次曲线的一般理论

8.1 坐标变换的概念

设在平面上建立了一个直角坐标系,那么,平面上的每个点各有它自己的坐标. 设在平面上另建立一个直角坐标系,那么平面上的每个点在新坐标系中又各有它自己的新坐标. 这样,对于平面上的每个点 M 的旧坐标 (x,y) 来说,有它的新坐标 (x',y') 和旧坐标对应

$$\varphi: (x,y) \to (x',y')$$

平面上的点的这种新旧坐标之间的对应叫作(直角)坐标变换,也可以说,在坐标变换 φ 之下,平面上每个点 M 的旧坐标 (x,y) 变到它的新坐标 (x',y').

对于点的直角坐标变换来说,最基本的变换有两种,一种是平移,一种是旋转,即任何直角坐标变换都可以通过这两种变换来完成.

8.2 坐标轴的平移

8.2.1 坐标轴的平移

坐标轴(坐标系)的平移是坐标轴的一种运动,这种运动只改变原点的位置,而不改变两轴的方向和长度单位.

由坐标轴的平移产生的坐标变换叫作坐标的平移.

8.2.2 平移公式

定理 8.1 平移坐标轴,若新原点对于旧坐标系的坐标为 (x_0, y_0),则平面上任意一点的旧坐标 (x,y) 和新坐标 (x',y') 之间有以下的关系

$$\begin{cases} x = x' + x_0 \\ y = y' + y_0 \end{cases} \qquad (8.1)$$

或

$$\begin{cases} x' = x - x_0 \\ y' = y - y_0 \end{cases} \qquad (8.2)$$

(8.1)和(8.2)都叫作平移公式(移轴公式).

8.2.3 平移公式的基本应用

把坐标轴平移后,应用平移公式,可以由点的旧(新)坐标求出它的新(旧)坐标,也可以由曲线的旧(新)方程求出它的新(旧)方程.这是平移公式的基本应用.

例 8.1 设在平面上有一条已知有向线段 $\overrightarrow{OO'}$,对于平面上的每个点 M,令一点 M' 与之对应,M' 满足条件:$\overrightarrow{MM'} = \overrightarrow{OO'}$,平面上点 M 与 M' 之间的这种对应,叫作按有向线段 $\overrightarrow{OO'}$ 的平面平移.点 M' 叫作点 M 的象;点 M 叫作点 M' 的原象.也可以说,在按有向线段 $\overrightarrow{OO'}$ 的平面平移之下,平面上的每个点 M 平移到它的象 M'(图 8.1).设有向线段 $\overrightarrow{OO'}$ 的终点 O' 在 xOy 中的坐标为 (x_0, y_0)(x_0, y_0 都是已知数),平面上任意点 M 在 xOy 中的坐标为 (x, y),在按 $\overrightarrow{OO'}$ 的平面平移之下,M 的象为点 M',求 M' 的坐标 (x', y').

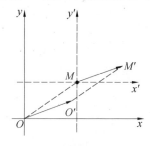

图 8.1

解 如图 8.1,由于 $\overrightarrow{MM'} = \overrightarrow{OO'}$,因此平移坐标系 xOy,令新原点为 M,得到新坐标系 $x'My'$,则点 M' 在 $x'My'$ 中的坐标与 O' 在 xOy 中的坐标相同,即 M' 在 $x'My'$ 中的坐标为 (x_0, y_0).而 M' 在 xOy 中的坐标为 (x', y'),M 在 xOy 中的坐标为 (x, y).把 $x'My'$ 看作旧坐标系,而 xOy 为新坐标系,则新原点 O 在 $x'My'$ 中的坐标为 $(-x, -y)$.由定理 8.1 的(8.1)得 M' 的旧坐标 (x_0, y_0) 与新坐标 (x', y') 之间的关系为

$$\begin{cases} x_0 = x' + (-x) \\ y_0 = y' + (-y) \end{cases}$$

即

$$\begin{cases} x' = x + x_0 \\ y' = y + y_0 \end{cases}$$

这就是点的平移变换公式,它和点的坐标的平移公式相仿,但意义不同了.

8.3　利用平移化简曲线方程

利用平移化简曲线方程有两个具体方法.

8.3.1　代公式法(待定系数法)

这种方法如下例所示.

例 8.2　已知曲线的方程为

$$4x^2 + 9y^2 - 8x + 36y + 4 = 0$$

平移坐标轴,令曲线在新坐标系中的方程为最简方程.

解　平移坐标轴.设新原点为(x_0, y_0)(这里x_0, y_0是两个待定的数),则平移公式为

$$x = x' + x_0, \quad y = y' + y_0$$

于是已知曲线在新坐标系中的方程为

$$4(x' + x_0)^2 + 9(y' + y_0)^2 - 8(x' + x_0) + 36(y' + y_0) + 4 = 0$$

经过整理得

$$4x'^2 + 9y'^2 + 8(x_0 - 1)x' + 18(y_0 + 2)y' + 4x_0^2 + 9y_0^2 - 8x_0 + 36y_0 + 4 = 0$$

在新方程中,令x'项的系数与y'项的系数都等于 0 时,新方程呈最简形式,于是令

$$8(x_0 - 1) = 0, \quad 18(y_0 + 2) = 0$$

由此得$x_0 = 1, y_0 = -2$,这即是说,要使曲线的新方程最简单,必须把坐标轴平移,令新原点为$O'(1, -2)$,这时已知曲线的新方程为

$$4x'^2 + 9y'^2 + [4 \times 1^2 + 9 \times (-2)^2 - 8 \times 1 + 36 \times (-2) + 4] = 0$$

即

$$4x'^2 + 9y'^2 = 36$$

8.3.2 配方法

这种方法如下例所示.

例 8.3 平移坐标轴,化简曲线方程
$$4x^2 + 9y^2 - 8x + 36y + 4 = 0$$

解 把原方程改写为
$$4(x^2 - 2x) + 9(y^2 + 4y) = -4$$

实行配方,得
$$4(x^2 - 2x + 1) + 9(y^2 + 4y + 4) = -4 + 4 + 36$$

即
$$4(x-1)^2 + 9(y+2)^2 = 36$$

平移坐标轴,令曲线上任意点(x,y)的新坐标(x',y')如下
$$x' = x - 1, \quad y' = y + 2$$

这即是说,平移坐标轴,令新原点为$O'(1,-2)$,则曲线的新方程为最简单方程
$$4x'^2 + 9y'^2 = 36$$

8.4 圆锥曲线的更一般的标准方程

8.4.1 椭圆的更一般的标准方程

1. 椭圆的更一般的标准方程

定理 8.2 设椭圆的中心为点(x_0, y_0),长轴为$2a$,短轴为$2b$.若长轴平行于x轴,则这椭圆的方程为

$$\frac{(x-x_0)^2}{a^2} + \frac{(y-y_0)^2}{b^2} = 1 \tag{8.3}$$

若长轴平行于y轴,则这椭圆的方程为

$$\frac{(x-x_0)^2}{b^2} + \frac{(y-y_0)^2}{a^2} = 1 \tag{8.4}$$

这两个方程都叫作椭圆的标准方程.

2.椭圆型曲线的一般方程

若把椭圆的标准方程(8.3)及(8.4)展开后加以整理,就得到以下形式的方程

$$Ax^2 + Cy^2 + 2Dx + 2Ey + F = 0 \qquad (8.5)$$

这里 A 和 C 符号相同.于是我们有以下的结论:长、短轴各与一条坐标轴平行的椭圆的方程具有方程(8.5)的形式,这种方程的特点是:(1)是一个二元二次方程;(2)没有坐标交叉项;(3)两个坐标平方项的系数符号相同.

我们来讨论以上结论的反面,把(8.5)配方得

$$A\left[x - \left(-\frac{D}{A}\right)\right]^2 + C\left[y - \left(-\frac{E}{C}\right)\right]^2 = M$$

这里 $M = \frac{D^2}{A} + \frac{E^2}{C} - F$,$A$ 和 C 同号.所以,当 M 和 A,C 同号时,(8.5)是一个椭圆;当 M 和 A,C 异号时,(8.5)是一个虚椭圆;当 $M=0$ 时,(8.5)是一个点椭圆(退缩椭圆,即相交于实点的一对虚直线),所以有以下的定理.

定理8.3 凡长、短轴平行于坐标轴的椭圆的方程都具有以下特点:(1)是一个二元二次方程;(2)没有坐标交叉项;(3)两个坐标平方项的系数符号相同.反过来,具有上述特点的方程或者是椭圆,或者是虚椭圆,或者是点椭圆(退缩椭圆),即总是椭圆型曲线.

例8.4 已知椭圆方程

$$4x^2 + 5y^2 - 8mx - 20my + 24m^2 - 20 = 0$$

这里 m 可以取任意实数.

(1) 求证:已知方程所表示的一切椭圆都有相等的长轴和相等的短轴;

(2) 求证:所有这些椭圆的中心的轨迹为直线 $y = 2x$;

(3) 若一直线被所有椭圆截出的弦长都等于 $\frac{5}{3}\sqrt{5}$,求这直线的方程.

证明 (1) 已知方程经过配方得

$$\frac{(x-m)^2}{5} + \frac{(y-2m)^2}{4} = 1$$

由此可知,已知方程所表示的一切椭圆的长轴都等于 $2\sqrt{5}$,短轴都等于 4.

(2) 由(1)可知,椭圆的中心为 $(m, 2m)$,由这个结果可知椭圆中心的轨迹

为直线 $y=2x$.

(3) 由于各椭圆中心的轨迹为直线 $y=2x$；各椭圆都相等；而直线被各椭圆截出的弦又都相等，所以要求的直线不能不和直线 $y=2x$ 平行，因此可设这直线的方程为 $y=2x+l$，它和各椭圆的交点的坐标是方程组

$$\begin{cases} 4x^2+5y^2-8mx-20my+24m^2-20=0 \\ y=2x+l \end{cases}$$

的解. 为了简便，我们只考虑所有椭圆中的一个椭圆即可. 可令 $m=0$，这就得到其中的一个椭圆 $4x^2+5y^2-20=0$，所以只需考虑方程组

$$\begin{cases} 4x^2+5y^2-20=0 \\ y=2x+l \end{cases}$$

消去 y，得 x 的二次方程

$$24x^2+20lx+5l^2-20=0$$

由二次方程根与系数的关系，它的两个根 x_1 与 x_2 的和

$$x_1+x_2=-\frac{20l}{24}=-\frac{5l}{6}$$

x_1 与 x_2 的乘积

$$x_1 \cdot x_2 = \frac{5l^2-20}{24}$$

所以

$$(x_1-x_2)^2 = (x_1+x_2)^2 - 4x_1x_2$$
$$= \left(-\frac{5l}{6}\right)^2 - 4 \times \frac{5l^2-20}{24}$$
$$= \frac{120-5l^2}{36}$$
$$(y_1-y_2)^2 = [(2x_1+l)-(2x_2+l)]^2$$
$$= 4(x_1-x_2)^2$$
$$= \frac{4(120-5l^2)}{36}$$

从而有

$$\frac{120-5l^2}{36} + \frac{4(120-5l^2)}{36} = \left(\frac{5}{3}\sqrt{5}\right)^2$$

由此得

$$l^2=4$$

所以 $l=\pm 2$. 因此被所有椭圆截出的弦长为 $\frac{5}{3}\sqrt{5}$ 的直线有两条，它们的方程各

为 $y=2x+2$ 和 $y=2x-2$(图 8.2).

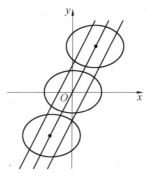

图 8.2

8.4.2 双曲线的更一般的标准方程

1.双曲线的更一般的标准方程

定理 8.4 设双曲线的中心为点(x_0,y_0),实轴为$2a$,虚轴为$2b$.若实轴平行于x轴,则这双曲线的方程为

$$\frac{(x-x_0)^2}{a^2}-\frac{(y-y_0)^2}{b^2}=1 \tag{8.6}$$

若实轴平行于y轴,则这双曲线的方程为

$$\frac{(x-x_0)^2}{b^2}-\frac{(y-y_0)^2}{a^2}=-1 \tag{8.7}$$

这两个方程都叫作双曲线的标准方程.

2.双曲型曲线的一般方程

若把双曲线的标准方程(8.6)及(8.7)展开后加以整理,就得到以下形式的方程

$$Ax^2+Cy^2+2Dx+2Ey+F=0 \tag{8.8}$$

这里A和C符号相异.于是我们有以下的结论:实、虚轴各与一条坐标轴平行的双曲线的方程具有方程(8.8)的形式,这种方程的特点是:(1)是一个二元二次

方程;(2) 没有坐标交叉项;(3) 两个坐标平方项的系数符号相异.

反面的问题与 8.4.1 相仿,当 $M\neq 0$ 时,(8.8) 是双曲线;当 $M=0$ 时,(8.8) 是一对相交直线(退缩双曲线),所以有以下的定理.

定理 8.5 凡实、虚轴平行于坐标轴的双曲线的方程都具有以下特点:(1) 是一个二元二次方程;(2) 没有坐标交叉项;(3) 两个坐标平方项的系数符号相异. 反过来,具有上述特点的方程或者是双曲线,或者是一对相交直线(退缩双曲线),即总是双曲型曲线.

8.4.3 抛物线的更一般的标准方程

1. 抛物线的更一般的标准方程

定理 8.6 设抛物线的顶点为 (x_0, y_0),焦参数为 p. 若轴平行于 x 轴,并且开口向右,则这抛物线的方程为

$$(y-y_0)^2 = 2p(x-x_0) \tag{8.9}$$

开口向左,则这抛物线的方程为

$$(y-y_0)^2 = -2p(x-x_0) \tag{8.10}$$

若轴平行于 y 轴,并且开口向上,则这抛物线的方程为

$$(x-x_0)^2 = 2p(y-y_0) \tag{8.11}$$

开口向下,则这抛物线的方程为

$$(x-x_0)^2 = -2p(y-y_0) \tag{8.12}$$

这四个方程都叫作抛物线的标准方程.

2. 抛物型曲线的一般方程

若把抛物线的标准方程(8.9)及(8.10)展开,把(8.11)及(8.12)展开,并加以整理,则各得以下形式的方程

$$Cy^2 + 2Dx + 2Ey + F = 0 \tag{8.13}$$

和

$$Ax^2 + 2Dx + 2Ey + F = 0 \tag{8.14}$$

这里 C 和 A 都不等于 0,于是我们有以下的结论:轴平行于坐标轴之一的抛物线的方程具有(8.13)或(8.14)的形式,这种方程的特点是:(1) 是一个二元二次

方程;(2) 二次项中只有一个坐标平方项.

我们来讨论以上结论的反面.

先讨论方程(8.13).设 $D \neq 0$,用 C 除方程的各项,得
$$y^2 + \frac{2D}{C}x + \frac{2E}{C}y + \frac{F}{C} = 0$$

配方得
$$\left[y - \left(-\frac{E}{C}\right)\right]^2 = -\frac{2D}{C}\left[x - \frac{E^2 - CF}{2CD}\right]$$

所以,当 $D \neq 0$ 时,(8.13) 是以 $\left[\dfrac{E^2 - CF}{2CD}, -\dfrac{E}{C}\right]$ 为顶点,并且轴平行于 x 轴的抛物线.

设 $D = 0$,则(8.13) 变为
$$Cy^2 + 2Ey + F = 0$$

所以
$$y = \frac{-E \pm \sqrt{E^2 - CF}}{C}$$

可见当 $E^2 - CF > 0$ 时,(8.13) 是一对平行实直线;当 $E^2 - CF = 0$ 时,(8.13) 是一对重合实直线;当 $E^2 - CF < 0$ 时,(8.13) 是一对平行虚直线.这些都叫作退缩抛物线.所以(8.13) 总是抛物型曲线.

同样讨论方程(8.14).设 $E \neq 0$,(8.14) 是以 $\left(-\dfrac{D}{A}, \dfrac{D^2 - AF}{2AE}\right)$ 为顶点,并且轴平行于 y 轴的抛物线.

设 $E = 0$,当 $D^2 - AF > 0$ 时,(8.14) 是一对平行实直线;当 $D^2 - AF = 0$ 时,(8.14) 是一对重合实直线;当 $D^2 - AF < 0$ 时,(8.14) 是一对平行虚直线,这些都是退缩抛物线.

所以有以下的定理.

定理 8.7 凡轴平行于坐标轴之一的抛物线的方程都具有以下特点:(1) 是一个二元二次方程;(2) 二次项中只有一个坐标平方项. 反过来,具有上述特点的方程,或者是抛物线,或者是一对平行直线,或者是一对重合直线,或者是一对平行虚直线(后三者是退缩抛物线),即总是抛物型曲线.

推论 二次函数
$$y = ax^2 + bx + c \quad (a \neq 0)$$
的图像是抛物线,它的顶点为 $\left(-\dfrac{b}{2a}, \dfrac{4ac - b^2}{4a}\right)$,它的轴为 $x = -\dfrac{b}{2a}$. 当 $a > 0$

时,开口向上;当 $a<0$ 时,开口向下.通径为 $\dfrac{1}{|a|}$.当 $x=-\dfrac{b}{2a}$ 时,最值为 $\dfrac{4ac-b^2}{4a}$(当 $a>0$ 时,这是函数的最小值;当 $a<0$ 时,这是函数的最大值).

例 8.5 已知函数 $y=x^2+(2m+1)x+m^2-1$(m 为任意实数),

(1) m 取什么值时,y 的最值为 0?

(2) 求证:不论 m 取什么数值,函数的图像——抛物线的顶点都在同一直线 l 上. 画出 $m=-1,0,1$ 时的抛物线的草图来检查这个结论.

(3) 平行于 l 的直线中,哪些与各抛物线都相交?哪些都相切?哪些都相离?求证:任意一条和 l 平行并且与各抛物线都相交的直线被各抛物线截出的弦都相等.

解 (1) 由于已知函数的最值(定理 8.7 的推论)

$$\frac{4(m^2-1)-(2m+1)^2}{4}=\frac{-4m-5}{4}=0$$

所以

$$m=-\frac{5}{4}$$

即当 $m=-\dfrac{5}{4}$ 时,已知函数 y 取得最值为 0.

(2) 抛物线的顶点的坐标(定理 8.7 的推论)为

$$(x,y)=\left(-\frac{2m+1}{2},-\frac{4m+5}{4}\right)$$

由等式

$$\begin{cases} x=-\dfrac{2m+1}{2} \\ y=-\dfrac{4m+5}{4} \end{cases}$$

消去 m 得

$$x-y=\frac{3}{4}$$

所以各抛物线的顶点都在同一直线 $l:x-y=\dfrac{3}{4}$ 上.

当 $m=-1$ 时,抛物线的方程为 $y=x^2-x$,它的顶点坐标为 $(\dfrac{1}{2},-\dfrac{1}{4})$,并且通过原点.

当 $m=0$ 时,抛物线的方程为 $y=x^2+x-1$,它的顶点坐标为 $(-\frac{1}{2},-\frac{5}{4})$.

当 $m=1$ 时,抛物线的方程为 $y=x^2+3x$,它的顶点坐标为 $(-\frac{3}{2},-\frac{9}{4})$,并且通过原点.

这几条抛物线的顶点都在直线 $l:x-y=-\frac{3}{4}$ 上,并且后一抛物线通过前一抛物线的顶点,见图 8.3.

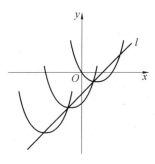

图 8.3

(3) 与 l 平行的直线的方程可设为
$$y=x+p$$
它和抛物线的交点的坐标是下面方程组的解
$$\begin{cases} y=x^2+(2m+1)x+m^2-1 \\ y=x+p \end{cases}$$
消去未知数 y,得 x 的二次方程
$$x^2+2mx+m^2-p-1=0 \qquad (8.15)$$
这个二次方程的根的判别式为
$$(2m)^2-4(m^2-p-1)=4(p+1)$$
可见,当 $p>-1$ 时,直线与各抛物线都相交;当 $p=-1$ 时,直线与各抛物线都相切;当 $p<-1$ 时,直线与各抛物线都相离. 又设(8.15)的两个根为 x_1 和 x_2,则
$$x_1+x_2=-2m, \quad x_1 \cdot x_2=m^2-p-1$$
所以
$$\begin{aligned}(x_1-x_2)^2 &= (x_1+x_2)^2-4x_1x_2 \\ &= 4m^2-4(m^2-p-1) \\ &= 4(p+1)\end{aligned}$$

$$(y_1 - y_2)^2 = (x_1 - x_2)^2 = 4(p+1)$$

所以各抛物线在直线 $y = x + p$ 上截出的弦的长为

$$\sqrt{(x_1-x_2)^2 + (y_1-y_2)^2} = \sqrt{8(p+1)}$$
$$= 2\sqrt{2(p+1)}$$

从这个结果看出,各抛物线在直线 $y = x + p$ 上截出的弦的长与 m 的值无关,即与抛物线的位置无关.弦长都等于 $2\sqrt{2(p+1)}$,这个值仅与 p 的大小有关,即仅与直线的位置有关(图 8.3).

8.4.4 缺坐标交叉项的二元二次方程的曲线

缺坐标交叉项的二元二次方程的一般形式为

$$Ax^2 + Cy^2 + 2Dx + 2Ey + F = 0$$

关于这种形式的方程的曲线在本节的 8.4.1~8.4.3 已经讨论过了.现在把讨论的结果列表于下,这个结果证明定理 8.16 时要用到(表1):

表 1

曲线类型	条件	讨论			曲线名称
椭圆型	$AC > 0$	$M^① \neq 0$	$AM < 0$		椭圆
			$AM > 0$		虚椭圆
		$M = 0$			
双曲型	$AC < 0$	$M \neq 0$			双曲线
		$M = 0$			一对相交实直线
抛物型	$AC = 0$	$A = 0$ $C \neq 0$	$D \neq 0$		抛物线
			$D = 0$	$E^2 - CF > 0$	一对平行实直线
				$E^2 - CF = 0$	一对重合实直线
				$E^2 - CF < 0$	一对平行虚直线
		$A \neq 0$ $C = 0$	$E \neq 0$		抛物线
			$E = 0$	$D^2 - AF > 0$	一对平行实直线
				$D^2 - AF = 0$	一对重合实直线
				$D^2 - AF < 0$	一对平行虚直线

① 表中 $M = \dfrac{1}{AC}(CD^2 + AE^2 - ACF)$

8.5 坐标轴的旋转

8.5.1 坐标轴的旋转

坐标轴(坐标系)的旋转是坐标轴的一种运动,这种运动不改变原点的位置及长度单位,而只把两条坐标轴绕原点旋转同一角度.

由坐标轴的旋转产生的坐标变换叫作坐标的旋转.

8.5.2 旋转公式

定理 8.8 把坐标轴旋转角度 θ,则平面上任意一点的旧坐标 (x,y) 和新坐标 (x',y') 之间有以下关系

$$\begin{cases} x = x'\cos\theta - y'\sin\theta \\ y = x'\sin\theta + y'\cos\theta \end{cases} \tag{8.16}$$

或

$$\begin{cases} x' = x\cos\theta + y\sin\theta \\ y' = -x\sin\theta + y\cos\theta \end{cases} \tag{8.17}$$

(8.16) 和 (8.17) 都叫作旋转公式(转轴公式).为便于记忆这两个公式可借助以下的表(表 2):

表 2

	x'	y'
x	$\cos\theta$	$-\sin\theta$
y	$\sin\theta$	$\cos\theta$

8.5.3 旋转公式的基本应用

把坐标轴旋转后,应用旋转公式可以由点的旧(新)坐标求出它的新(旧)坐标,也可以由曲线的旧(新)方程求出它的新(旧)方程,这是旋转公式的基本应用.例如,把坐标轴旋转 $\dfrac{\pi}{4}$,则曲线 $xy=k$ 的新方程为 $x'^2 - y'^2 = 2k$,所以反

比例函数图像为等轴双曲线.

例 8.6 设 O 是平面上的一个定点,对于平面上的每个不重合于点 O 的点 M,令一点 M' 与之对应,M' 满足条件

$$|OM'|=|OM| \quad \text{及} \quad \angle MOM' = \text{定角} \theta$$

平面上点 M 与点 M' 之间的这种对应叫作绕点 O 转成定角 θ 的平面旋转.点 O 叫作旋转中心.点 M' 叫作点 M 的象,点 M 叫作点 M' 的原象.也可以说,在以 O 为旋转中心,旋转角为 θ 的平面旋转之下平面上的每个不重合于点 O 的点 M 旋转到它的象 M'. 当 M 重合于 O 时,规定它的象 M' 也重合于 O. 在坐标平面上,点 $M(x,y)$ 绕原点 O 旋转角度 θ 到点 M',求 M' 的坐标 (x',y').

解 如图 8.4,把坐标轴同样也旋转角度 θ 得新坐标系 $x'Oy'$,则点 M' 在新坐标系 $x'Oy'$ 中的坐标等于点 M 在旧坐标系 xOy 中的坐标,即 (x,y). 现在把 $x'Oy'$ 旋转 $(-\theta)$ 角,得到旧坐标系 xOy,由式(8.17)得 M' 在 xOy 中的坐标为

$$\begin{cases} x' = x\cos(-\theta) + y\sin(-\theta) \\ y' = -x\sin(-\theta) + y\cos(-\theta) \end{cases}$$

即

$$\begin{cases} x' = x\cos\theta - y\sin\theta \\ y' = x\sin\theta + y\cos\theta \end{cases}$$

当点 M 重合于 O 时,以上的结果仍成立.

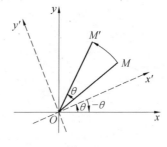

图 8.4

这就是点的旋转变换(与点的平移变换都是点变换)公式,它和点的坐标的旋转公式相仿,但意义不同了.

8.6 坐标变换的一般公式

设在平面上给出了两个直角坐标系 xOy 和 $x'O'y'$,并且点 O' 在 xOy 中的

坐标为(x_0,y_0),Ox与$O'x'$的夹角为θ.设xOy为旧坐标系,$x'O'y'$为新坐标系,那么在这种一般情形下,由旧坐标系xOy变为新坐标系$x'O'y'$总可分两步来完成:先移轴,使坐标原点O与新坐标系的原点O'重合而变为坐标系$\bar{x}O'\bar{y}$.然后把坐标系$\bar{x}O'\bar{y}$旋转角度θ,而变为新坐标系$x'O'y'$(图8.5).设M为平面上任意一点,它的旧坐标与新坐标分别为(x,y)与(x',y'),而它在辅助坐标系$\bar{x}O'\bar{y}$中的坐标为$(\bar{x},\bar{y})$,那么由平移公式与旋转公式分别得

$$\begin{cases} x = \bar{x} + x_0 \\ y = \bar{y} + y_0 \end{cases} \tag{8.18}$$

与

$$\begin{cases} \bar{x} = x'\cos\theta - y'\sin\theta \\ \bar{y} = x'\sin\theta + y'\cos\theta \end{cases} \tag{8.19}$$

将(8.19)代入(8.18),便得一般坐标变换公式为

$$\begin{cases} x = x'\cos\theta - y'\sin\theta + x_0 \\ y = x'\sin\theta + y'\cos\theta + y_0 \end{cases}$$

由此又得

$$\begin{cases} x' = (x - x_0)\cos\theta + (y - y_0)\sin\theta \\ y' = -(x - x_0)\sin\theta + (y - y_0)\cos\theta \end{cases}$$

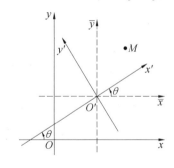

图 8.5

定理 8.9 设xOy和$x'O'y$是平面上的两个直角坐标系,把它们各看作是旧坐标系与新坐标系.O'在旧坐标系xOy中的坐标为(x_0,y_0),Ox到$O'x'$的角度为θ.平面上任意点M的旧坐标为(x,y),新坐标为(x',y'),则新、旧坐标之间的关系为

$$\begin{cases} x = x'\cos\theta - y'\sin\theta + x_0 \\ y = x'\sin\theta + y'\cos\theta + y_0 \end{cases} \tag{8.20}$$

或

$$\begin{cases} x' = (x-x_0)\cos\theta + (y-y_0)\sin\theta \\ y' = -(x-x_0)\sin\theta + (y-y_0)\cos\theta \end{cases} \quad (8.21)$$

平面直角坐标变换的一般公式(定理 8.9)是由新坐标原点关于旧坐标系的坐标(x_0,y_0)与坐标轴的旋转角 θ 决定的. 确定新坐标系的位置除了上面这种方法外, 还有其他方法. 例如给出了新坐标系的两条坐标轴在旧坐标系中的方程, 并且规定了一条轴的正方向, 现在找出在这种情形下的坐标变换公式. 如图 8.6, 设在直角坐标系 xOy 中给定了两条互相垂直的直线

$$l_1: A_1x + B_1y + C_1 = 0$$
$$l_2: A_2x + B_2y + C_2 = 0$$

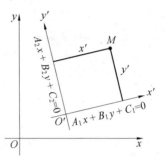

图 8.6

这里 $A_1A_2 + B_1B_2 = 0$, 如果取直线 l_1 为新坐标系中的横轴 $O'x'$, 而直线 l_2 为纵轴 $O'y'$, 并设平面上任意点 M 的旧坐标与新坐标分别为 (x,y) 与 (x',y'). 现在找出 M 的新、旧坐标之间的关系式. 因为 $|x'|$ 是点 $M(x,y)$ 到轴 $O'y'$ 的距离, 也就是 M 到直线 l_2 的距离, 因此我们有

$$|x'| = \frac{|A_2x+B_2y+C_2|}{\sqrt{A_2^2+B_2^2}}$$

同理可得

$$|y'| = \frac{|A_1x+B_1y+C_1|}{\sqrt{A_1^2+B_1^2}}$$

于是在去掉绝对值的符号以后, 便得

$$\begin{cases} x' = \pm \dfrac{A_2x+B_2y+C_2}{\sqrt{A_2^2+B_2^2}} \\ y' = \pm \dfrac{A_1x+B_1y+C_1}{\sqrt{A_1^2+B_1^2}} \end{cases} \quad (8.22)$$

为使新坐标系仍然是右手坐标系, 现在来决定以上公式中的符号. 为此, 与一般变换公式(8.21)相比较, 得

$$\frac{\pm A_2}{\sqrt{A_2^2+B_2^2}} = \cos\theta, \quad \frac{\pm B_2}{\sqrt{A_2^2+B_2^2}} = \sin\theta \quad (8.23)$$

$$\frac{\pm A_1}{\sqrt{A_1^2+B_1^2}} = -\sin\theta, \quad \frac{\pm B_1}{\sqrt{A_1^2+B_1^2}} = \cos\theta \quad (8.24)$$

因此，(8.23)中第一式 x 项的系数 $\dfrac{\pm A_2}{\sqrt{A_2^2+B_2^2}}$ 应与(8.24)中第二式 y 项的系数 $\dfrac{\pm B_1}{\sqrt{A_1^2+B_1^2}}$ 相等.事实上，由垂直条件 $A_1A_2+B_1B_2=0$，得 $-\dfrac{A_2}{B_2}=\dfrac{B_1}{A_1}$（设 $A_1\neq 0, B_2\neq 0$），从而 $\dfrac{A_2^2}{A_2^2+B_2^2}=\dfrac{B_1^2}{A_1^2+B_1^2}$（当 $A_1=B_2=0$ 时，必有 $B_1\neq 0, A_2\neq 0$，这时也有同样结果，这是因为等号左右都等于 1），这就有 $\dfrac{|A_2|}{\sqrt{A_2^2+B_2^2}}=\dfrac{|B_1|}{\sqrt{A_1^2+B_1^2}}$，所以(8.23)中第一式 x 项的系数的绝对值与(8.24)中第二式 y 项的系数的绝对值相同.所以，(8.22)中的符号选取要使得这两项的系数是同号的.由(8.23)及(8.24)还看到，(8.23)中第二式 y 项的系数 $\dfrac{\pm B_2}{\sqrt{A_2^2+B_2^2}}$ 与(8.24)中第一式 x 项的系数 $\dfrac{\pm A_1}{\sqrt{A_1^2+B_1^2}}$ 应为相反数.与上述道理相同，由条件 $A_1A_2+B_1B_2=0$ 保证这两个系数的绝对值相同.所以(8.22)的符号选取要使得这两项的系数是异号的.但当(8.23)中第一式 x 项的系数 $\dfrac{\pm A_2}{\sqrt{A_2^2+B_2^2}}$ 与(8.24)中第二式 y 项的系数 $\dfrac{\pm B_1}{\sqrt{A_1^2+B_1^2}}$ 的符号相同，而且 $A_1A_2+B_1B_2=0$，这实际上保证了(8.23)中第二式 y 项的系数与(8.24)中第一式 x 项的系数是异号的.例如在(8.22)中上式取"$-$"号，下式取"$+$"号，则

$$x'=\dfrac{-A_2x-B_2y-C_2}{\sqrt{A_2^2+B_2^2}}, \quad y'=\dfrac{A_1x+B_1y+C_1}{\sqrt{A_1^2+B_1^2}}$$

而 $A_1A_2+B_1B_2=0$，所以 $A_1(-A_2)+B_1(-B_2)=0$.既然 $-A_2$ 与 B_1 同号，所以 $-B_2$ 与 A_1 异号，从而上式中左式 y 项的系数 $\dfrac{-B_2}{\sqrt{A_2^2+B_2^2}}$ 与上式中右式 x 项的系数 $\dfrac{A_1}{\sqrt{A_1^2+B_1^2}}$ 是异号的.总之，(8.22)中的符号选取要使得上式中 x 项的系数与下式中 y 项的系数是同号的（具体做法见下面的例）.

例 8.7 在直角坐标系 xOy 中，已知两垂直直线 $l_1:2x-y+3=0$ 与 $l_2: x+2y-2=0$，取 l_1 为 $O'x'$ 轴，l_2 为 $O'y'$ 轴建立新直角坐标系 $x'O'y'$，求坐标变换公式.

解法 1　设平面上任意点 M 的旧坐标与新坐标各为 (x,y) 与 (x',y')，那么由 (8.22) 有

$$\begin{cases} x' = \pm \dfrac{x+2y-2}{\sqrt{5}} \\ y' = \pm \dfrac{2x-y+3}{\sqrt{5}} \end{cases}$$

根据上述的符号选取法则，得变换公式

$$\begin{cases} x' = \dfrac{x+2y-2}{\sqrt{5}} \\ y' = -\dfrac{2x-y+3}{\sqrt{5}} = \dfrac{-2x+y-3}{\sqrt{5}} \end{cases}$$

或

$$\begin{cases} x' = -\dfrac{x+2y-2}{\sqrt{5}} = \dfrac{-x-2y+2}{\sqrt{5}} \\ y' = \dfrac{2x-y+3}{\sqrt{5}} \end{cases}$$

如图 8.7(a)，若 $O'x'$ 的正方向是指向右上方的，则应取上一个变换公式，因为在这个变换公式中，$\sin\theta = \dfrac{2}{\sqrt{5}} > 0$，所以 θ 为小于 π 的正角；如图 8.7(b)，若 $O'x'$ 的正方向是指向左下方的，则应取下一个变换公式，因为在这个变换公式中，$\sin\theta = -\dfrac{2}{\sqrt{5}} < 0$，所以 θ 为绝对值小于 π 的负角。

解法 2　l_1 与 l_2 的交点 O' 的坐标为 $\left(-\dfrac{4}{5}, \dfrac{7}{5}\right)$，若新横轴 $O'x'$ 的正方向是指向右上方的，则旋转角 $\theta: 0 < \theta < \dfrac{\pi}{2}$。而 $\tan\theta = l_1$ 的斜率等于 2，所以

$$\sin\theta = \frac{2}{\sqrt{5}}, \quad \cos\theta = \frac{1}{\sqrt{5}}$$

由式 (8.21) 得

$$\begin{cases} x' = \left[x - \left(-\dfrac{4}{5}\right)\right] \cdot \dfrac{1}{\sqrt{5}} + \left(y - \dfrac{7}{5}\right) \cdot \dfrac{2}{\sqrt{5}} = \dfrac{x+2y-2}{\sqrt{5}} \\ y' = -\left[x - \left(-\dfrac{4}{5}\right)\right] \cdot \dfrac{2}{\sqrt{5}} + \left(y - \dfrac{7}{5}\right) \cdot \dfrac{1}{\sqrt{5}} = \dfrac{-2x+y-3}{\sqrt{5}} \end{cases}$$

若新横轴 $O'x'$ 的正方向是指向左下方向，则旋转角 $\theta: -\pi < \theta < -\dfrac{\pi}{2}$。而

$\tan\theta=2$,所以
$$\sin\theta=-\frac{2}{\sqrt{5}},\cos\theta=-\frac{1}{\sqrt{5}}$$
由式(8.21)得
$$\begin{cases} x'=\left[x-\left(-\frac{4}{5}\right)\right]\left(-\frac{1}{\sqrt{5}}\right)+\left(y-\frac{7}{5}\right)\left(-\frac{2}{\sqrt{5}}\right)=\frac{-x-2y+2}{\sqrt{5}} \\ y'=-\left[x-\left(-\frac{4}{5}\right)\right]\left(-\frac{2}{\sqrt{5}}\right)+\left(y-\frac{7}{5}\right)\left(-\frac{1}{\sqrt{5}}\right)=\frac{2x-y+3}{\sqrt{5}} \end{cases}$$
与解法1结果相同.

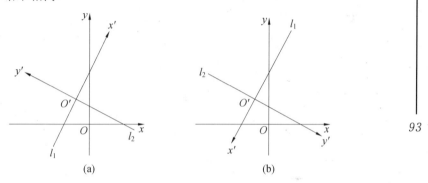

图 8.7

8.7 曲线的分类

在直角坐标系中,曲线决定于它的方程,因而自然也可按曲线方程的性质来给曲线分类.把曲线的方程经过移项、化简后,如能化成形式 $F(x,y)=0$.其中 $F(x,y)$ 是关于 x,y 的多项式,那么,原来方程叫作代数方程,它所表示的平面曲线叫作代数曲线.若原来方程不是代数方程,就叫作超越方程,它所表示的平面曲线叫作超越曲线.例如方程
$$x^3+y^3-3axy=0,\quad y=\sqrt{x}$$
所表示的曲线是代数曲线,方程
$$y=\sin x,\quad y=a^x(a>0,a\neq 1)$$
所表示的曲线是超越曲线.

因为同一曲线对于不同的直角坐标系来说,一般有不同的方程,因而它可以有无限多个不同的方程.把曲线分成代数的和超越的两类时,要证明这个分

法的可能性,必须证明曲线的代数性或超越性与直角坐标系的选择是无关的.由于坐标变换公式(定理 8.1,定理 8.8,或一般情形,即定理 8.9)都是代数的,因而曲线的方程若为代数方程,那么在任何坐标变换下,仍变为代数方程,即在直角坐标系中,曲线若为代数的,那么对任何直角坐标系来说它仍为代数的. 从此也就知道,在直角坐标系中,曲线若为超越的,那么对任何直角坐标系来说它仍为超越的. 这是因为:假设超越方程能变成代数方程,那么,这代数方程经过逆变换之后将变成原来的超越方程. 如上所述,这是不可能的. 因此,曲线的代数性或超越性与直角坐标系的选择无关,而仅依靠曲线本身的性质.

如果一条曲线在直角坐标系 xOy 中的方程是 n 次多项式方程 $F(x,y)=0$,那么经过任一直角坐标变换后,在新直角坐标系 $x'O'y'$ 中的方程 $F'(x',y')=0$ 显然也是一个多项式方程. 若它的次数为 n',则有 $n'=n$. 事实上,任一直角坐标变换公式的等号两边的次数都是一次,所以新方程 $F'(x',y')=0$ 的次数不会升高,即 $n' \leqslant n$. $F'(x',y')=0$ 的次数也不会降低,事实上,如果 $F'(x',y')=0$ 的次数降低了,那么,$F'(x',y')=0$ 经过逆变换之后将变成原来的方程 $F(x,y)=0$,次数就必然升高,但上面已经证明了这是不可能的,即 $n' \geqslant n$,从而 $n'=n$.

定理 8.10 在直角坐标系中,若曲线的方程是多项式方程,那么,经过任一直角坐标变换后,曲线的新方程仍是多项式方程,并且次数不变.

由定理 8.10 可知,若曲线的方程能写成或化成多项式方程 $F(x,y)=0$,那么,这类曲线可按 $F(x,y)=0$ 的次数分类:若 $F(x,y)=0$ 是 n 次的,则原方程的曲线称为 n 次(n 阶)曲线. 例如,直线是一次曲线,椭圆、双曲线、抛物线是二次曲线.

上述的讨论是对直角坐标系来说的,在极坐标系,这种分类法将失去意义. 例如,以原点为圆心,半径为 r 的圆的直角坐标方程为 $x^2+y^2=r^2$,以 $(r,0)$ 为圆心,半径为 r 的圆的直角坐标方程为 $x^2+y^2-2rx=0$,圆是二次代数曲线. 而在极坐标系中,这两个圆的方程分别为 $\rho=r$(或 $\rho^2=r^2$)和 $\rho=2r\cos\theta$,其中第一个圆的方程是关于流动坐标 (ρ,θ) 的代数方程,并且可以是一次的,也可以是二次的;第二个圆的方程却是关于流动坐标 (ρ,θ) 的超越方程. 这样一来,在极坐标系中,同一种曲线,由于极坐标系选择的不同,它的方程可以是代数的,也可以是超越的. 即使在同一极坐标系中,方程是代数的,次数也可以不同. 根据这些事实,不能在极坐标方程基础上给曲线分类.

8.8 二次曲线在直角坐标变换下的不变量与半不变量

8.8.1 二元二次方程的几个记号

在直角坐标系中,二元二次方程
$$Ax^2 + 2Bxy + Cy^2 + 2Dx + 2Ey + F = 0 \qquad (8.25)$$
(其中 A,B,C 至少有一个不为 0),所表示的曲线叫作二次(二阶)曲线.

在二次曲线方程的上述表示下,经常使用以下记号:
$F(x,y) = Ax^2 + 2Bxy + Cy^2 + 2Dx + 2Ey + F$;
$F_1(x,y) = Ax + By + D$;
$F_2(x,y) = Bx + Cy + E$;
$F_3(x,y) = Dx + Ey + F$;
$\Phi(x,y) = Ax^2 + 2Bxy + Cy^2$.

于是 $F(x,y)$ 又可写为
$$F(x,y) = xF_1(x,y) + yF_2(x,y) + F_3(x,y)$$
从而 $F(x,y) = 0$ 又可写为
$$F(x,y) = xF_1(x,y) + yF_2(x,y) + F_3(x,y) = 0$$

8.8.2 在直角坐标变换下二元二次方程的系数的变换

1. 平移坐标系

设新原点 O' 的坐标为 (x_0, y_0),把平移公式
$$\begin{cases} x = x' + x_0 \\ y = y' + y_0 \end{cases}$$
代入方程(8.25),经过整理得
$$Ax'^2 + 2Bx'y' + Cy'^2 + 2(Ax_0 + By_0 + D)x' +$$
$$2(Bx_0 + Cy_0 + E)y' + Ax_0^2 + 2Bx_0y_0 +$$
$$Cy_0^2 + 2Dx_0 + 2Ey_0 + F = 0$$

设新方程为

$$A'x'^2 + 2B'x'y' + C'y'^2 + 2D'x' + 2E'y' + F' = 0$$

则
$$\begin{cases} A' = A \\ B' = B \\ C' = C \\ D' = Ax_0 + By_0 + D = F_1(x_0, y_0) \\ E' = Bx_0 + Cy_0 + E = F_2(x_0, y_0) \\ F' = Ax_0^2 + 2Bx_0y_0 + Cy_0^2 + 2D_0x_0 + 2Ey_0 + F = F(x_0, y_0) \end{cases} \quad (8.26)$$

2. 旋转坐标系

设旋转角为 θ，把旋转公式
$$\begin{cases} x = x'\cos\theta - y'\sin\theta \\ y = x'\sin\theta + y'\cos\theta \end{cases}$$

代入方程(8.25)，经过整理得

$(A\cos^2\theta + 2B\sin\theta\cos\theta + C\sin^2\theta)x'^2 +$
$2(-A\sin\theta\cos\theta + B\cos^2\theta - B\sin^2\theta + C\sin\theta\cos\theta)x'y' +$
$(A\sin^2\theta - 2B\sin\theta\cos\theta + C\cos^2\theta)y'^2 +$
$2(D\cos\theta + E\sin\theta)x' + 2(-D\sin\theta + E\cos\theta)y' + F = 0$

设新方程为
$$A'x'^2 + 2B'x'y' + C'y'^2 + 2D'x' + 2E'y' + F' = 0$$

则
$$\begin{cases} A' = A\cos^2\theta + 2B\sin\theta\cos\theta + C\sin^2\theta \\ \quad = \dfrac{A+C}{2} + \dfrac{A-C}{2}\cos 2\theta + B\sin 2\theta \\ B' = (C-A)\sin\theta\cos\theta + B(\cos^2\theta - \sin^2\theta) \\ \quad = -\dfrac{A-C}{2}\sin 2\theta + B\cos 2\theta \\ C' = A\sin^2\theta - 2B\sin\theta\cos\theta + C\cos^2\theta \\ \quad = \dfrac{A+C}{2} - \dfrac{A-C}{2}\cos 2\theta - B\sin 2\theta \\ D' = D\cos\theta + E\sin\theta \\ E' = -D\sin\theta + E\cos\theta \\ F' = F \end{cases} \quad (8.27)$$

8.8.3　二次曲线在直角坐标变换下的不变量与半不变量

设已知二次曲线的方程为
$$F(x,y) = Ax^2 + 2Bxy + Cy^2 + 2Dx + 2Ey + F = 0$$
在直角坐标变换下,方程的左端变为
$$F'(x',y') = A'x'^2 + 2B'x'y' + C'y'^2 + 2D'x' + 2E'y' + F'$$
由 $F(x,y)$ 的系数组成的一个函数 G 经过平移及旋转变换,有
$$G(A,B,C,D,E,F) = G(A',B',C',D',E',F')$$
那么函数 G 叫作这二次曲线(或二次方程 $F(x,y)=0$)在直角坐标变换下的一个不变量. 如果 G 只是经过旋转变换不变时,那么这个函数叫作这二次曲线在直角坐标变换下的半不变量.

定理 8.11　函数 $I_1 = A + C$ 是二次曲线(8.25)在直角坐标变换下的不变量.

证明　由式(8.26)可知,在平移变换下
$$A' = A, \quad C' = C$$
所以
$$I_1' = A' + C' = A + C = I_1$$
从而 I_1 是二次曲线(8.25)在平移变换下的不变量.

由(8.27)可知,在旋转变换下
$$A' = \frac{A+C}{2} + \frac{A-C}{2}\cos 2\theta + B\sin 2\theta$$
$$C' = \frac{A+C}{2} + \frac{A-C}{2}\cos 2\theta + B\sin 2\theta$$
所以
$$I_1' = A' + C' = \left(\frac{A+C}{2} + \frac{A-C}{2}\cos 2\theta + B\sin 2\theta\right) +$$
$$\left(\frac{A+C}{2} + \frac{A-C}{2}\cos 2\theta - B\sin 2\theta\right)$$
$$= A + C = I_1$$
从而 I_1 是二次曲线(8.25)在旋转变换下的不变量.

所以 I_1 是二次曲线(8.25)在直角坐标变换下的不变量.

定理 8.12　函数

$$I_2 = \begin{vmatrix} A & B \\ B & C \end{vmatrix} = AC - B^2$$

是二次曲线(8.25)在直角坐标变换下的不变量.

证明 由(8.26)可知,在平移变换下

$$A' = A, B' = B, C' = C$$

所以

$$I_2' = \begin{vmatrix} A' & B' \\ B' & C' \end{vmatrix} = \begin{vmatrix} A & B \\ B & C \end{vmatrix} = I_2$$

从而 I_2 是二次曲线(8.25)在平移变换下的不变量.

由(8.27)可知,在旋转变换下

$$A' = A\cos^2\theta + 2B\sin\theta\cos\theta + C\sin^2\theta$$
$$B' = -A\sin\theta\cos\theta - B\sin^2\theta + B\cos^2\theta + C\sin\theta\cos\theta$$
$$C' = A\sin^2\theta - 2B\sin\theta\cos\theta + C\cos^2\theta$$

由行列式乘法可知

$$I' = \begin{vmatrix} A' & B' \\ B' & C' \end{vmatrix}$$
$$= \begin{vmatrix} \cos\theta & \sin\theta \\ -\sin\theta & \cos\theta \end{vmatrix} \cdot \begin{vmatrix} A & B \\ B & C \end{vmatrix} \cdot \begin{vmatrix} \cos\theta & -\sin\theta \\ \sin\theta & \cos\theta \end{vmatrix}$$

而

$$\begin{vmatrix} \cos\theta & \sin\theta \\ -\sin\theta & \cos\theta \end{vmatrix} = 1, \quad \begin{vmatrix} \cos\theta & -\sin\theta \\ \sin\theta & \cos\theta \end{vmatrix} = 1$$

所以

$$I' = \begin{vmatrix} A & B \\ B & C \end{vmatrix} = I$$

从而 I_2 是二次曲线(8.25)在旋转变换下的不变量.

所以 I_2 是二次曲线(8.25)在直角坐标变换下的不变量.

定理 8.13 函数

$$I_3 = \begin{vmatrix} A & B & D \\ B & C & E \\ D & E & F \end{vmatrix}$$
$$= ACF + 2BDE - AE^2 - CD^2 - FB^2$$

是二次曲线(8.25)在直角坐标变换下的不变量.

证明 由(8.26)可知,在平移变换下

$$I_3' = \begin{vmatrix} A' & B' & D' \\ B' & C' & E' \\ D' & E' & F' \end{vmatrix}$$

$$= \begin{vmatrix} A & B & Ax_0 + By_0 + D \\ B & C & Bx_0 + Cy_0 + E \\ Ax_0 + By_0 + D & Bx_0 + Cy_0 + E & F(x_0, y_0) \end{vmatrix}$$

$$= \begin{vmatrix} A & B & D \\ B & C & E \\ Ax_0 + By_0 + D & Bx_0 + Cy_0 + E & Dx_0 + Ey_0 + F \end{vmatrix}$$

$$= \begin{vmatrix} A & B & D \\ B & C & E \\ D & E & F \end{vmatrix} = I_3$$

从而 I_3 是二次曲线(8.25)在平移变换下的不变量.

由(8.27)及行列式乘法可知,在旋转变换下

$$I_3' = \begin{vmatrix} A' & B' & D' \\ B' & C' & E' \\ D' & E' & F' \end{vmatrix}$$

$$= \begin{vmatrix} \cos\theta & \sin\theta & 0 \\ -\sin\theta & \cos\theta & 0 \\ 0 & 0 & 1 \end{vmatrix} \cdot \begin{vmatrix} A & B & D \\ B & C & E \\ D & E & F \end{vmatrix} \cdot \begin{vmatrix} \cos\theta & -\sin\theta & 0 \\ \sin\theta & \cos\theta & 0 \\ 0 & 0 & 1 \end{vmatrix}$$

而

$$\begin{vmatrix} \cos\theta & \sin\theta & 0 \\ -\sin\theta & \cos\theta & 0 \\ 0 & 0 & 1 \end{vmatrix} = 1$$

$$\begin{vmatrix} \cos\theta & -\sin\theta & 0 \\ \sin\theta & \cos\theta & 0 \\ 0 & 0 & 1 \end{vmatrix} = 1$$

所以

$$I_3' = \begin{vmatrix} A & B & D \\ B & C & E \\ D & E & F \end{vmatrix} = I_3$$

从而 I_3 是二次曲线(8.25)在旋转变换下的不变量.

所以 I_3 是二次曲线(8.25)在直角坐标变换下的不变量.

定理 8.14 函数

$$K_1 = \begin{vmatrix} A & D \\ D & F \end{vmatrix} + \begin{vmatrix} C & E \\ E & F \end{vmatrix} = (A+C)F - D^2 - E^2$$

在旋转变换下不变；而当 $I_2=I_3=0$ 时，K_1 在平移变换下不变(所以 K_1 是二次曲线(8.25)的半不变量，或条件不变量).

证明 先证明 K_1 在旋转变换下不变，在旋转变换下

$$A' + C' = A + C, F' = F$$

所以

$$(A' + C')F' = (A + C)F$$

又由(8.27)容易证明

$$D'^2 + E'^2 = D^2 + E^2$$

所以

$$(A' + C')F' - D'^2 - E'^2 = (A+C)F - D^2 - E^2$$

即

$$K_1' = K_1$$

其次证明，当 $I_2=I_3=0$ 时，K_1 在平移变换下不变. 因已知 $I_2 = AC - B^2 = 0$，从而 $ACF - FB^2 = 0$，又已知

$$I_3 = ACF + 2BDE - AE^2 - CD^2 - FB^2 = 0$$

把这两个等式左、右各相减，得

$$AE^2 - 2BDE + CD^2 = 0 \tag{8.28}$$

所以

$$\begin{aligned}(BE - CD)^2 &= B^2E^2 - 2BCDE + C^2D^2 \\ &= ACE^2 - 2BCDE + C^2D^2 \\ &= C(AE^2 - 2BDE + CD^2) = 0 \quad (\text{由}(8.28))\end{aligned}$$

并且

$$\begin{aligned}(AE - BD)^2 &= A^2E^2 - 2ABDE + B^2D^2 \\ &= A^2E^2 - 2ABDE + ACD^2 \\ &= A(AE^2 - 2BDE + CD^2) = 0 \quad (\text{由}(8.28))\end{aligned}$$

所以

$$BE - CD = 0, \quad BD - AE = 0$$

现在利用以上的两个等式证明在所设条件下，K_1 在平移之下不变

$$(A' + C')F' - D'^2 - E'^2$$

$$\begin{aligned}
&= (A+C)(Ax_0^2 + 2Bx_0y_0 + Cy_0^2 + 2Dx_0 + 2Ey_0 + F) - \\
&\quad (Ax_0 + By_0 + D)^2 - (Bx_0 + Cy_0 + E)^2 \\
&= (AC - B^2)(x_0^2 + y_0^2) - 2(BE - CD)x_0 + \\
&\quad 2(AE - BD)y_0 + (A+C)F - D^2 - E^2 \\
&= (A+C)F - D^2 - E^2
\end{aligned}$$

即
$$K_1' = K_1$$

说明 K_1 在平移下一般是要改变的. 例如 $F(x,y) \equiv 2xy$, 它的 $K_1 = 0$, 而通过平移(新原点为 (x_0, y_0)), $F(x, y)$ 变为
$$F'(x', y') = 2x'y' + 2y_0x' + 2x_0y' + 2x_0y_0$$
这时
$$K_1' = \begin{vmatrix} 0 & y_0 \\ y_0 & 2x_0y_0 \end{vmatrix} + \begin{vmatrix} 0 & x_0 \\ x_0 & 2x_0y_0 \end{vmatrix} = -(x_0^2 + y_0^2) \neq 0$$
所以
$$K_1' \neq K_1$$

8.9 二元二次方程的曲线

8.9.1 二元二次方程的曲线

设有二元二次方程
$$Ax^2 + 2Bxy + Cy^2 + 2Dx + 2Ey + F = 0 \quad (B \neq 0) \tag{8.29}$$
旋转坐标轴,设旋转角度为 θ, 得到曲线在新坐标系中的方程为
$$A'x'^2 + 2B'x'y' + C'y'^2 + 2D'x' + 2E'y' + F' = 0$$
其中 $2B' = (C - A)\sin 2\theta + 2B\cos 2\theta$ (见(8.27)).

现在考虑是否能使新方程中没有坐标交叉项,即是否能使
$$(C - A)\sin 2\theta + 2B\cos 2\theta = 0$$
成立. 由于 $B \neq 0$, 所以 $\sin 2\theta \neq 0$ (因为如果 $\sin 2\theta = 0$, 就有 $\cos 2\theta = 0$, 但 $\sin 2\theta$ 与 $\cos 2\theta$ 不能同时为 0), 从而有
$$\cot 2\theta = \frac{A - C}{2B} \tag{8.30}$$
由于 $\cot 2\theta$ 能取任何实数值,因此,不论 $A, B(B \neq 0), C$ 如何,总存在角 θ 使

(8.30)成立.因此,把坐标轴旋转角度 θ,则新方程中坐标交叉项消失,于是得到形如
$$A'x'^2 + C'y'^2 + 2D'x' + 2E'y' + F' = 0 \qquad (8.31)$$
的方程.由于坐标变换只会改变方程而不会改变曲线,既然(8.29)能变换为(8.31),而由 8.4.4 知道,(8.31)是椭圆型、双曲型、抛物型曲线之一,从而(8.29)的曲线是这三种类型曲线之一,于是有以下的定理.

定理 8.15 二元二次方程(8.29)的曲线或者是椭圆型曲线,或者是双曲型曲线,或者是抛物型曲线,即总是非退缩圆锥曲线或退缩圆锥曲线(共三类九种).

8.9.2 二元二次方程的曲线的判定

有中心的二次曲线(椭圆型、双曲型二次曲线、退缩抛物线)叫作有心型二次曲线;没有中心的二次曲线(抛物线)叫作无心型二次曲线.在有心型二次曲线中,有唯一中心的二次曲线(椭圆型、双曲型二次曲线)叫作中心型二次曲线;有无限多个中心的二次曲线(退缩抛物线)叫作多心型(线心型)二次曲线.无心型二次曲线与多心型二次曲线叫作非中心型二次曲线.所以二次曲线的分类如下:

$$\text{二次曲线}\begin{cases}\text{有心型二次曲线}\begin{cases}\text{中心型二次曲线}\\\text{多心型二次曲线}\end{cases}\text{非中心型二次曲线}\\\text{无心型二次曲线}\end{cases}$$

定理 8.16 二元二次方程
$$Ax^2 + 2Bxy + Cy^2 + 2Dx + 2Ey + F = 0$$
的曲线可用它的不变量及半不变量

$$I_1 = A + C, \quad I_2 = \begin{vmatrix} A & B \\ B & C \end{vmatrix} = AC - B^2$$

$$I_3 = \begin{vmatrix} A & B & D \\ B & C & E \\ D & E & F \end{vmatrix} = ACF + 2BDE - AE^2 - CD^2 - FB^2$$

$$K_1 = \begin{vmatrix} A & D \\ D & F \end{vmatrix} + \begin{vmatrix} C & E \\ E & F \end{vmatrix} = (A+C)F - D^2 - E^2$$

判定,如下表(表3):

表3

曲线类型		判别式(不变特征)			曲线名称	
中心型曲线	椭圆型	$I_2 > 0$	$I_3 \neq 0$	$I_1 I_3 < 0$	椭圆	
				$I_1 I_3 > 0$	虚椭圆	
			$I_3 = 0$		点椭圆(退缩椭圆)	
	双曲型	$I_2 < 0$	$I_3 \neq 0$		双曲线	
			$I_3 = 0$		一对相交实直线(退缩双曲线)	
非中心型曲线	抛物型	$I_2 = 0$	$I_3 \neq 0$		抛物线	
			$I_3 = 0$	$K_1 < 0$	一对平行实直线	退缩抛物线
				$K_1 = 0$	一对重合实直线	
				$K_1 > 0$	一对平行虚直线	

证明 已知二次曲线方程

$$Ax^2 + 2Bxy + Cy^2 + 2Dx + 2Ey + F = 0 \quad (8.32)$$

经转轴之后,使新方程中坐标交叉项消失,这就得到以下形式的二元二次方程

$$A'x'^2 + C'y'^2 + 2D'x' + 2E'y' + F' = 0 \quad (8.33)$$

方程(8.33)所表示的曲线已由8.4.4的表1给出.

分四步证明.

第一步,先讨论如何由 $I_2 = AC - B^2$ 判定(8.32)所表示的曲线的类型.

因为 I_2 是不变量,$B' = 0$,所以

$$I_2 = AC - B^2 = A'C' - B'^2 = A'C'$$

由8.4.4的表1可知:

(1) 当 $I_2 > 0$ 时,$A'C' > 0$,所以(8.33)的曲线是椭圆型的,从而(8.32)的曲线是椭圆型的.

(2) 当 $I_2 < 0$ 时,$A'C' < 0$,所以(8.33)的曲线是双曲型的,从而(8.32)的曲线是双曲型的.

(3) 当 $I_2 = 0$ 时,$A'C' = 0$,所以(8.33)的曲线是抛物型的,从而(8.32)的曲线是抛物型的.

第二步,再讨论如何由 $I_3 = ACF + 2BDE - AE^2 - CD^2 - FB^2$ 判定(8.32)所表示的曲线是非退缩的还是退缩的.

因为 I_3 是不变量,$B' = 0$,所以

$$I_3 = ACF + 2BDE - AE^2 - CD^2 - FB^2$$
$$= A'C'F' + 2B'D'E' - A'E'^2 - C'D'^2 - F'B'^2$$
$$= A'C'F' - A'E'^2 - C'D'^2$$

(1) 当 $A'C' \neq 0$ 时,曲线为椭圆型的或双曲型的,这时

$$M' = \frac{1}{A'C'}(C'D'^2 + A'E'^2 - A'C'F') = \frac{-I_3}{A'C'}$$

由 8.4.4 的表 1 可知:

① 当 $I_3 \neq 0$ 时,有 $M' \neq 0$,所以这时二次曲线为非退缩椭圆或非退缩双曲线.

② 当 $I_3 = 0$ 时,有 $M' = 0$,所以这时二次曲线为退缩椭圆或退缩双曲线.

(2) 当 $A'C' = 0$ 时,曲线为抛物型的,由 8.4.4 的表 1 可知:

① 当 $A' = 0, C' \neq 0$,这时 $I_3 = -C'D'^2$,而 $C' \neq 0$,所以当 $I_3 \neq 0$ 时,$D' \neq 0$,所以这时二次曲线为抛物线;当 $I_3 = 0$ 时,$D' = 0$,所以这时二次曲线为退缩抛物线.

② 当 $A' \neq 0, C' = 0$,这时 $I_3 = -A'E'^2$,而 $A' \neq 0$,所以当 $I_3 \neq 0$ 时,$E' \neq 0$,所以这时二次曲线为抛物线;当 $I_3 = 0$ 时,$E' = 0$,所以这时二次曲线为退缩抛物线.

由第二步的(1) 和(2) 的讨论得到结论:当 $I_3 \neq 0$ 时,二次曲线为非退缩二次曲线;当 $I_3 = 0$ 时,二次曲线为退缩二次曲线.①

第三步,讨论如何由 I_1 与 I_3 异号或同号判定椭圆型曲线是椭圆还是虚椭圆.

$$I_1 = A' + C'$$
$$I_3 = A'C'F' - A'E'^2 - C'D'^2$$

由于曲线是椭圆型的,所以 $A'C' > 0$,所以 I_1 与 A' 同号. 从而 I_1 与 I_3 异号或同号,也就是 A' 与 $M' = \frac{1}{A'C'}(C'D'^2 + A'E'^2 - A'C'F') = \frac{-I_3}{A'C'}$ 同号或异号. 由 8.4.4 的表 1 可知:

(1) $I_1 I_3 < 0$ 时,$A'M' > 0$,从而曲线是椭圆;

(2) $I_1 I_3 > 0$ 时,$A'M' < 0$,从而曲线是虚椭圆.

第四步,最后讨论如何由 K_1 的大小来判定退缩抛物线是怎样的两条直线,

---

① 或由定理 3.15 可知,二元二次方程(8.32) 可分解为两个一次方程的充要条件是 $I_3 = 0$,所以,当 $I_3 \neq 0$ 时,方程(8.32) 表示非退缩二次曲线;当 $I_3 = 0$ 时,方程(8.32) 表示退缩二次曲线.

即讨论为什么当 $I_2=I_3=0$ 时,若 $K_1<0$,则曲线为一对平行实直线;若 $K_1=0$,则曲线为一对重合实直线;若 $K_1>0$,则曲线为一对平行虚直线.

事实上,$I_2=I_3=0$,即
$$AC-B^2=0$$
$$ACF+2BDE-AE^2-CD^2-FB^2=0$$
又
$$K_1=(A+C)F-D^2-E^2$$
由于 I_2,I_3 是不变量,K_1 是半不变量,所以
$$A'C'-B'^2=0$$
$$A'C'F'+2B'D'E'-A'E'^2-C'D'^2-F'B'^2=0$$
并且在此条件下有
$$K_1=(A'+C')F'-D'^2-E'^2$$
由于 $B'=0$,所以也即是
$$A'C'=0, \quad A'E'^2+C'D'^2=0$$
并且
$$K_1=(A'+C')F'-D'^2-E'^2$$

由 8.4.4 的表 1 可知:

(1) 当 $A'=0,C'\neq 0$,就得 $D'=0$. 所以,若 $K_1<0$,则 $E'^2-C'F'>0$,则曲线为一对平行实直线;若 $K_1=0$,则 $E'^2-C'F'=0$,则曲线为一对重合实直线;若 $K_1>0$,则 $E'^2-C'F'<0$,则曲线为一对平行虚直线.

(2) 当 $A'\neq 0,C'=0$ 时,作类似讨论,得同样结论.

例 8.8 利用不变量讨论方程
$$x^2+(k-1)y^2-3ky+2k=0$$
当 k 取什么值时,这方程表示什么曲线?

解 这里 $A=1,B=0,C=k-1,D=0,E=-\dfrac{3k}{2},F=2k$,所以
$$I_1=1+(k-1)=k$$
$$I_2=1\cdot(k-1)-0^2=k-1$$
$$I_3=1\cdot(k-1)\cdot 2k+2\times 0\times 0\times\left(-\dfrac{3k}{2}\right)-$$
$$1\left(-\dfrac{3k}{2}\right)^2-(k-1)\cdot 0^2-2k\cdot 0^2$$
$$=-\dfrac{1}{4}k(k+8)$$

以下按 I_2 的值分三种情形讨论:

(1) 当 $I_2>0$ 时,即 $k>1$ 时,曲线是椭圆型的,而这时 $I_3<0, I_1 I_3<0$,所以这时曲线是椭圆.

(2) 当 $I_2<0$ 时,即 $k<1$ 时,曲线是双曲型的,又分两种情形:

① 当 $I_3\neq 0$ 时,即 $k\neq 0$,并且 $k\neq -8$ 时,曲线是双曲线;

② 当 $I_3=0$ 时,即 $k=0$ 或 $k=-8$ 时,曲线是退缩双曲线,即一对相交实直线;

(3) 当 $I_2=0$ 时,即 $k=1$ 时,曲线是抛物型的,而这时 $I_3\neq 0$,所以这时曲线是抛物线.

例 8.9 (1) 求证任意一条双曲线、它的渐近线以及它的共轭双曲线,这三者的方程总有以下关系:除常数项以外的各同类项对应相同,而常数项则成等差数列.

(2) 求双曲线
$$3x^2-5xy-2y^2+5x+11y-8=0$$
的渐近线与共轭双曲线的方程.

(3) 已知双曲线的方程为
$$F(x,y)=Ax^2+2Bxy+Cy^2+2Dx+2Ey+F=0$$
求证它的渐近线的方程为
$$Ax^2+2Bxy+Cy^2+2Dx+2Ey+F-\frac{I_3}{I_2}=0$$
或
$$F(x,y)=F(x_0,y_0)$$
这里 (x_0,y_0) 为双曲线 $F(x,y)=0$ 的中心.

证明 (1) 设一双曲线的方程为 $\frac{x^2}{a^2}-\frac{y^2}{b^2}=1$,那么,它的渐近线与共轭双曲线的方程分别为 $\frac{x^2}{a^2}-\frac{y^2}{b^2}=0$ 和 $\frac{x^2}{a^2}-\frac{y^2}{b^2}=-1$. 这三个方程等号左端完全相同,而右端的三个常数项成等差数列.

若把坐标轴任意平移、旋转而得到一个新坐标系,那么,应用坐标变换的一般公式就可以求出上面的双曲线、它的渐近线以及它的共轭双曲线在新坐标系中的方程. 由于上面三个方程的等号左端的式子完全一样,所以经过坐标变换后三个新方程等号左端的式子完全一样,而等号右端仍然是 $1,0,-1$,所以新方程的常数项(一般不再是 $1,0,-1$ 了)仍保持成等差数列,而其他各项对应相同.

(2) 由于已知双曲线的一对渐近线的方程(二次方程)与已知双曲线的方程只是常数项不同,因此可设渐近线的方程为
$$3x^2 - 5xy - 2y^2 + 5x + 11y + F = 0$$
由于这个方程表示一对相交直线(退缩双曲线),所以有
$$I_3 = \begin{vmatrix} 3 & -\dfrac{5}{2} & \dfrac{5}{2} \\ -\dfrac{5}{2} & -2 & \dfrac{11}{2} \\ \dfrac{5}{2} & \dfrac{11}{2} & F \end{vmatrix} = 0$$
由此得 $F = -12$,所以已知双曲线的一对渐近线的方程为
$$3x^2 - 5xy - 2y^2 + 5x + 11y - 12 = 0$$
两条渐近线的方程分别为
$$x - 2y + 3 = 0 \text{ 和 } 3x + y - 4 = 0$$

已知双曲线的方程,它的一对渐近线的方程的常数项各为 $-8, -12$,所以已知双曲线的共轭双曲线的方程的常数项应为 -16($-8, -12, -16$ 成等差数列),而其他各项与已知双曲线的方程的对应项相同,所以共轭双曲线的方程为
$$3x^2 - 5xy - 2y^2 + 5x + 11y - 16 = 0$$

(3) 已知双曲线的方程为
$$Ax^2 + 2Bxy + Cy^2 + 2Dx + 2Ey + F = 0$$
由于它的一对渐近线的方程和它的方程仍是常数项不同,所以一对渐近线的方程可设为
$$Ax^2 + 2Bxy + Cy^2 + 2Dx + 2Ey + F + \lambda = 0$$
由于这个方程表示一对相交直线,所以 $I_3 = 0$,即
$$AC(F + \lambda) + 2BDE - AE^2 - CD^2 - (F + \lambda)B^2 = 0$$
从而
$$\lambda = -\frac{ACF + 2BDE - AE^2 - CD^2 - FB^2}{AC - B^2} = -\frac{I_3}{I_2}$$
所以已知双曲线的渐近线的方程为
$$Ax^2 + 2Bxy + Cy^2 + 2Dx + 2Ey + F - \frac{I_3}{I_2} = 0$$
若已知双曲线的中心为 (x_0, y_0),由于中心为两渐近线的交点,所以 (x_0, y_0) 满足渐近线的方程,即

$$Ax_0^2 + 2Bx_0y_0 + Cy_0^2 + 2Dx_0 + 2Ey_0 + F - \frac{I_3}{I_2} = 0$$

所以

$$F(x_0, y_0) = \frac{I_3}{I_2}$$

从而渐近线的方程为

$$F(x, y) - F(x_0, y_0) = 0$$

或

$$F(x, y) = F(x_0, y_0)$$

请读者用以上结果求(2)中双曲线的渐近线.

8.10 二次曲线方程的化简

化简二次曲线的方程有两种方法,一种是利用坐标变换,一种是利用不变量.

8.10.1 利用坐标变换化简二次曲线方程

1. 利用坐标变换化简二次曲线方程的一般方法

已知二元二次方程

$$Ax^2 + 2Bxy + Cy^2 + 2Dx + 2Ey + F = 0$$

这里假定 $B \neq 0$,因为 $B=0$ 时,只要通过平移就可以把方程化简了. 要化简这个方程,分以下两步:

第一步,把坐标系旋转一适当角度 θ,使新方程中没有坐标交叉项.

由 8.9.1 的讨论可知,若把坐标轴旋转角度 θ,使

$$\cot 2\theta = \frac{A-C}{2B}$$

则曲线在新坐标系中的方程就没有了坐标交叉项,要化简二次曲线的方程还要用到以下公式

$$\cos 2\theta = \frac{\cot 2\theta}{\sqrt{1 + \cot^2 2\theta}}$$

$$\sin\theta = \sqrt{\frac{1-\cos 2\theta}{2}}, \quad \cos\theta = \sqrt{\frac{1+\cos 2\theta}{2}}$$

求出 $\sin\theta$ 与 $\cos\theta$ 的准确值以后，用旋转公式就可以把原方程化简为不含坐标交叉项的新方程.

第二步，平移坐标系（如果有必要的话）进一步化简第一步所得的新方程，便可得到二次曲线的最简方程.

例 8.10 已知抛物线
$$9x^2 - 24xy + 16y^2 - 18x - 101y + 19 = 0$$
(1) 利用坐标变换化简这抛物线的方程；(2) 作出这抛物线.

解 (1) 把坐标系旋转角度 θ，令
$$\cot 2\theta = \frac{9-16}{-24} = \frac{7}{24}$$

由此得
$$\cos 2\theta = \frac{\frac{7}{24}}{\sqrt{1+\left(\frac{7}{24}\right)^2}} = \frac{7}{25}$$

所以
$$\sin\theta = \sqrt{\frac{1-\frac{7}{25}}{2}} = \frac{3}{5}, \quad \cos\theta = \sqrt{\frac{1+\frac{7}{25}}{2}} = \frac{4}{5}$$

所以旋转公式为
$$\begin{cases} x = x' \cdot \frac{4}{5} - y' \cdot \frac{3}{5} = \frac{1}{5}(4x' - 3y') \\ y = x' \cdot \frac{3}{5} + y' \cdot \frac{4}{5} = \frac{1}{5}(3x' + 4y') \end{cases}$$

于是得到抛物线在新坐标系 $x'Oy'$ 中的方程
$$9\left[\frac{1}{5}(4x' - 3y')\right]^2 - 24\left[\frac{1}{5}(4x' - 3y')\right]\left[\frac{1}{5}(3x' + 4y')\right] +$$
$$16\left[\frac{1}{5}(3x' + 4y')\right]^2 - 18\left[\frac{1}{5}(4x' - 3y')\right] -$$
$$101\left[\frac{1}{5}(3x' + 4y')\right] + 19 = 0$$

展开、合并同类项，得抛物线的新方程
$$25y'^2 - 75x' - 70y' + 19 = 0$$

再平移坐标系 $x'Oy'$ 进一步化简抛物线的这个新方程. 为此, 对方程左端实行配方, 得

$$\left(y' - \frac{7}{5}\right)^2 = 3\left(x' + \frac{2}{5}\right)$$

平移坐标系, 设抛物线上任意一点 (x', y') 在新坐标系中的坐标为 (x'', y''), 令

$$x'' = x' + \frac{2}{5}, \quad y'' = y' - \frac{7}{5}$$

即令

$$x' = x'' + \left(-\frac{2}{5}\right), \quad y' = y'' + \frac{7}{5}$$

即平移坐标系, 令新原点为坐标系 $x'Oy'$ 中的点 $O''\left(-\frac{2}{5}, \frac{7}{5}\right)$, 得新坐标系 $x''O''y''$. 于是抛物线在这新坐标系中的方程为

$$y''^2 = 3x''$$

这即是要求的最简方程.

(2) 把 xOy 的坐标轴旋转锐角 θ, 令 $\tan\theta = \dfrac{3}{4}$, 得新坐标系 $x'Oy'$. 平移这新坐标系, 令新原点为这新坐标系中的点 $O''\left(-\dfrac{2}{5}, \dfrac{7}{5}\right)$, 得新坐标系 $x''O''y''$. 在这个新坐标系中描出抛物线 $y''^2 = 3x''$, 这即是原方程表示的抛物线 (图 8.8).

2. 有心型二次曲线方程的化简

有化简有心型二次曲线方程, 除在 8.10.1 中介绍的先转轴再移轴这种方法以外, 还有另一种方法, 这种方法是先移轴, 令新原点为曲线的中心; 再把坐标轴旋转一适当角度以化简曲线方程. 对于有心型二次曲线来说, 用这种方法比用前一种方法更简便.

关于二次曲线的中心, 有以下的定理.

定理 8.17 二次曲线

$$Ax^2 + 2Bxy + Cy^2 + 2Dx + 2Ey + F = 0 \tag{8.34}$$

的中心为坐标原点的充要条件是方程中的一次项的系数为 0.

证明 必要性. 设点 $M(x_1, y_1)$ 为曲线 (8.34) 上的任意一点, 则

$$Ax_1^2 + 2Bx_1 y_1 + Cy_1^2 + 2Dx_1 + 2Ey_1 + F = 0 \tag{8.35}$$

因为原点是曲线 (8.34) 的中心, 即对称中心, 而点 $M(x_1, y_1)$ 关于原点的对称

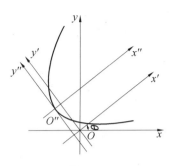

图 8.8

点 M' 的坐标 $(-x_1, -y_1)$ 也必满足二次曲线的方程

$$A(-x_1)^2 + 2B(-x_1)(-y_1) + C(-y_1)^2 + 2D(-x_1) + 2E(-y_1) + F = 0$$

即

$$Ax_1^2 + 2Bx_1y_1 + Cy_1^2 - 2Dx_1 - 2Ey_1 + F = 0 \tag{8.36}$$

(8.35) 与 (8.36) 左、右各相减,得

$$Dx_1 + Ey_1 = 0$$

即 (x_1, y_1) 满足方程

$$Dx + Ey = 0$$

由于方程 $Dx + Ey = 0$ 能被二次曲线上任意点 (x_1, y_1) 所满足,因此只能是

$$D = E = 0$$

即二次曲线方程 (8.34) 中的一次项的系数为 0.

充分性. 无一次项的二次曲线的方程为

$$Ax^2 + 2Bxy + Cy^2 + F = 0$$

在这曲线上任取一点 $M(x_1, y_1)$,则

$$Ax_1^2 + 2Bx_1y_1 + Cy_1^2 + F = 0$$

$M(x_1, y_1)$ 关于原点的对称点为 $M'(-x_1, -y_1)$,而

$$A(-x_1)^2 + 2B(-x_1)(-y_1) + C(-y_1)^2 + F$$
$$= Ax_1^2 + 2Bx_1y_1 + Cy_1^2 + F = 0$$

所以点 M' 在这二次曲线上,所以这二次曲线关于原点对称,即原点是它的中心.

利用这个定理我们可以得到求二次曲线的中心的方法.

设二次曲线 (8.34) 的中心为点 $O'(x_0, y_0)$,平移坐标系,令新原点为 $O'(x_0, y_0)$,则平移公式为

$$\begin{cases} x = x' + x_0 \\ y = y' + y_0 \end{cases}$$

这就得二次曲线的新方程

$$A(x' + x_0)^2 + 2B(x' + x_0)(y' + y_0) + C(y' + y_0)^2 + 2D(x' + x_0) + 2E(y' + y_0) + F = 0$$

即

$$Ax'^2 + 2Bx'y' + Cy'^2 + 2(Ax_0 + By_0 + D)x' + 2(Bx_0 + Cy_0 + E)y' + (Ax_0^2 + 2Bx_0 y_0 + Cy_0^2 + 2Dx_0 + 2Ey_0 + F) = 0$$

根据定理 8.17 就得以下的定理.

定理 8.18 一点 $O'(x_0, y_0)$ 是二次曲线(8.34)的中心的充要条件是

$$\begin{cases} Ax_0 + By_0 + D = 0 \\ Bx_0 + Cy_0 + E = 0 \end{cases} \tag{8.37}$$

由方程组(8.37)可知.

(1) 当 $\dfrac{A}{B} \neq \dfrac{B}{C}$ 时,即 $I_2 = AC - B^2 \neq 0$,即(8.34)为中心型二次曲线时,方程组(8.37)有唯一解,这解是它的中心.

(2) 当 $\dfrac{A}{B} = \dfrac{B}{C} \neq \dfrac{D}{E}$ 时,即 $I_2 = AC - B^2 = 0$,并且 $AE - BD \neq 0, BE - CD \neq 0$,这时 $I_3 \neq 0$. 因为如果 $I_3 = 0$,由定理 8.14 的证明可知有 $AE - BD = 0$,并且 $BE - CD = 0$. 但这和已知矛盾. 所以(8.34)为无心型二次曲线(抛物线)时,方程组(8.37)无解.

(3) 当 $\dfrac{A}{B} = \dfrac{B}{C} = \dfrac{D}{E}$,即 $AC - B^2 = AE - BD = BE - CD = 0$ 时,则有 $I_2 = 0, I_3 = 0$,此时(8.34)为退缩抛物线,即为平行或重合的一对直线(实或虚的),(8.37)有无穷多个解,即这时的曲线有无穷多个中心. 这无穷多个中心的轨迹的方程为 $Ax + By + D = 0$,即 $Bx + Cy + E = 0$,所以曲线也叫线心型二次曲线. $Ax + By + D = 0$ 叫作它的中心直线.

由以上的讨论可知,当 $I_2 \neq 0$ 时,二次曲线(8.34)的中心 O' 的坐标为

$$\begin{cases} x_0 = \dfrac{BE - CD}{I_2} \\ y_0 = \dfrac{BD - AE}{I_2} \end{cases}$$

若平移坐标系,令新原点为 $O'(x_0, y_0)$,则曲线(8.34)的新方程为

$$Ax'^2 + 2Bx'y' + Cy'^2 + F' = 0$$

我们再考虑常数项 F'

$$F' = x_0^2 + 2Bx_0y_0 + Cy_0^2 + 2Dx_0 + 2Ey_0 + F$$
$$= (Ax_0 + By_0 + D)x_0 + (Bx_0 + Cy_0 + E)y_0 +$$
$$(Dx_0 + Ey_0 + F)$$

由于 (x_0, y_0) 是中心型曲线的中心,所以

$$Ax_0 + By_0 + D = 0, \quad Bx_0 + Cy_0 + E = 0$$

所以

$$F' = Dx_0 + Ey_0 + F$$

F' 也可以这样计算:由于平移后曲线新方程为

$$Ax'^2 + 2Bx'y' + Cy'^2 + F(x_0, y_0) = 0$$

所以

$$I_3 = \begin{vmatrix} A & B & 0 \\ B & C & 0 \\ 0 & 0 & F(x_0, y_0) \end{vmatrix} = (AC - B^2)F(x_0, y_0)$$
$$= I_2 \cdot F(x_0, y_0)$$

所以当 $I_2 \neq 0$ 时,$F' = \dfrac{I_3}{I_2}$.

总之,对于中心型曲线方程化简的步骤可归纳如下:

(1) 由 $I_2 \neq 0$ 判定它是中心型曲线;

(2) 由中心方程组

$$\begin{cases} Ax_0 + By_0 + D = 0 \\ Bx_0 + Cy_0 + E = 0 \end{cases}$$

求出中心 $O'(x_0, y_0)$;

(3) 按 $x = x' + x_0, y = y' + y_0$ 平移坐标轴,将已给方程(8.34)化简为

$$Ax'^2 + 2Bx'y' + Cy'^2 + F' = 0$$

式中三个二次项系数不变,而常数项

$$F' = F(x_0, y_0) = Dx_0 + Ey_0 + F = \dfrac{I_3}{I_2}$$

(4) 旋转坐标系,把曲线方程化为最简方程.

例 8.11 已知二元二次方程

$$x^2 - 3xy + y^2 + 10x - 10y + 21 = 0$$

(1) 它是什么曲线?(2) 如果它是有心型二次曲线,用先移轴后转轴的方法化

简曲线的方程;(3) 求出这条曲线的轴的方程;(4) 描出这条曲线.

解 (1) 这里 $A=1, B=-\dfrac{3}{2}, C=1, D=5, E=-5, F=21$, 所以

$$I_2 = -\frac{5}{4} < 0, \quad I_3 = -\frac{5}{4} < 0$$

所以已知二次方程的曲线是双曲线.

(2) 既然已知曲线是中心型二次曲线,所以可用先移轴后转轴的方法化简曲线的方程.

双曲线的中心 O' 的坐标 (x_0, y_0) 是方程组

$$\begin{cases} x_0 - \dfrac{3}{2} y_0 + 5 = 0 \\ -\dfrac{3}{2} x_0 + y_0 - 5 = 0 \end{cases}$$

的解,解为 $x_0 = -2, y_0 = 2$,即中心为 $O'(-2, 2)$.

平移坐标系,令新原点为 $O'(-2, 2)$,得到新坐标系 $x'O'y'$. 双曲线在这新坐标系中的方程的三个二次项的系数与原方程的三个二次项的系数分别相同,新方程的常数项

$$F' = \frac{I_3}{I_2} = \frac{-\dfrac{5}{4}}{-\dfrac{5}{4}} = 1$$

所以双曲线在新坐标系 $x'O'y'$ 中的方程为

$$x'^2 - 3x'y' + y'^2 + 1 = 0$$

旋转坐标系,旋转角度为 θ,得新坐标系 $x''O'y''$,令

$$\cot 2\theta = \frac{1-1}{-3} = 0$$

所以 $2\theta = \dfrac{\pi}{2}, \theta = \dfrac{\pi}{4}$. 由旋转公式

$$\begin{cases} x' = x'' \cos \dfrac{\pi}{4} - y'' \sin \dfrac{\pi}{4} = \dfrac{\sqrt{2}}{2}(x'' - y'') \\ y' = x'' \sin \dfrac{\pi}{4} + y'' \cos \dfrac{\pi}{4} = \dfrac{\sqrt{2}}{2}(x'' + y'') \end{cases}$$

得到双曲线在新坐标系 $x''O'y''$ 中的方程为

$$\left[\frac{\sqrt{2}}{2}(x'' - y'')\right]^2 - 3\left[\frac{\sqrt{2}}{2}(x'' - y'')\right]\left[\frac{\sqrt{2}}{2}(x'' + y'')\right] +$$

$$\left[\frac{\sqrt{2}}{2}(x''+y'')\right]^2 + 1 = 0$$

化简得
$$x''^2 - 5y''^2 = 2$$

（3）由于双曲线的轴即是原坐标轴平移到新原点 $O'(-2,2)$，再绕 O' 旋转 $\theta = \frac{\pi}{4}$ 所得的新坐标系 $x''O'y''$ 的两条坐标轴，所以轴的方程分别为

$$y - 2 = \tan\frac{\pi}{4} \cdot (x+2)$$

和

$$y - 2 = \tan\left(\frac{\pi}{4} + \frac{\pi}{2}\right) \cdot (x+2)$$

即
$$x - y + 4 = 0 \quad \text{和} \quad x + y = 0$$

（4）如图 8.9，在新坐标系 $x''O'y''$ 中描出双曲线 $x''^2 - 5y''^2 = 2$，这即是原方程表示的双曲线.

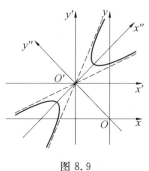

图 8.9

例 8.12 已知二元二次方程
$$9x^2 - 24xy + 16y^2 + 48x - 64y = 0$$

（1）它是什么曲线？（2）如果它是有心型二次曲线，用先移轴后转轴的方法化简曲线的方程.

解 （1）这里 $A=9, B=-12, C=16, D=24, E=-32, F=0$，所以
$$I_2 = 0, I_3 = 0, K_1 = -1\,600 < 0$$

所以已知曲线是一对平行实直线，从而是线心曲线.

（2）**解法 1** 既然已知曲线是线心曲线，所以可用先移轴后转轴的方法化简曲线的方程.

曲线的中心直线的方程为
$$9x - 12y + 24 = 0$$
即
$$3x - 4y + 8 = 0$$
这直线上的每个点都是曲线的中心.任取一个中心,例如取 $O'(0,2)$,平移坐标系,令新原点为 $O'(0,2)$,得到新坐标系 $x'O'y$.曲线在新坐标系中的常数项
$$F' = Dx_0 + Ey_0 + F = 24 \times 0 + (-32) \times 2 + 0 = -64$$
($F' = \dfrac{I_3}{I_2}$ 在这里不适用,因这里 $I_2 = I_3 = 0$),所以曲线的新方程为
$$9x'^2 - 24x'y' + 16y'^2 - 64 = 0$$
旋转坐标系,旋转角度为 θ,得新坐标系 $x''O'y''$,令
$$\cot 2\theta = \frac{9-16}{-24} = \frac{7}{24}$$

由此求得
$$\sin\theta = \frac{3}{5}, \quad \cos\theta = \frac{4}{5}$$

所以旋转公式为
$$\begin{cases} x' = \dfrac{1}{5}(4x'' - 3y'') \\ y' = \dfrac{1}{5}(3x'' + 4y'') \end{cases}$$

这就得到曲线在新坐标系 $x''O'y''$ 中的方程
$$9\left[\frac{1}{5}(4x''-3y'')\right]^2 - 24\left[\frac{1}{5}(4x''-3y'')\right]\left[\frac{1}{5}(3x''+4y'')\right] + 16\left[\frac{1}{5}(3x''+4y'')\right]^2 - 64 = 0$$

化简得
$$y''^2 = \left(\frac{8}{5}\right)^2$$

解法 2 由解法一知道,曲线的中心直线方程为
$$3x - 4y + 8 = 0$$
取它作为新坐标系的 x' 轴,取任意垂直于这中心线的直线,例如取 $4x + 3y - 6 = 0$(这是通过中心直线与 y 轴的交点 $(0,2)$ 并且垂直于中心直线的直线)为新坐标系的 y' 轴作坐标变换,由(8.22)可知这时的坐标变换公式为

$$\begin{cases} x' = \dfrac{4x+3y-6}{5} \\ y' = \dfrac{-3x+4y-8}{5} \end{cases}$$

从此解出 x 与 y 得

$$\begin{cases} x = \dfrac{1}{5}(4x'-3y') \\ y = \dfrac{1}{5}(3x'+4y')+2 \end{cases}$$

代入已知方程,经过整理得 $y'^2 = \left(\dfrac{8}{5}\right)^2$(图 8.10).

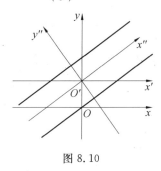

图 8.10

3. 无心型二次曲线(抛物线)方程化简的另一方法

要化简无心型二次曲线的方程,除在本节 1. 中介绍的方法以外,还有一种方法. 这种方法实际上也是先转轴再移轴,不过具体步骤不同.

(1) 无心型二次曲线的方程化简的讨论

设无心型二次曲线的方程为

$$Ax^2 + 2Bxy + Cy^2 + 2Dx + 2Ey + F = 0 \tag{8.38}$$

并且假定 $B \neq 0$(因为我们讨论的是一般情形). 由于(8.38)是无心型二次曲线的方程,所以有 $I_2 = AC - B^2 = 0$,即 $AC = B^2$. 由于 $B \neq 0$,所以 $B^2 > 0$,所以 A 和 C 同号. 因此,我们可以假定:A 和 C 都是正数(因为如果(8.38)中 A 和 C 都是负数,只要改变一下(8.38)中各项的符号就可以了). 既然这样,就总可设 $A = \alpha^2, C = \beta^2 (\alpha \neq 0, \beta \neq 0)$. 这样就得 $B^2 = AC = \alpha^2 \beta^2$,从而 $B = \alpha\beta$. 那么 α 和 β 的正负怎样确定呢? 我们约定:如果 $B > 0$,就取 $\alpha > 0, \beta > 0$;如果 $B < 0$,就取 $\alpha > 0, \beta < 0$(如果对 α 和 β 的正负作其他合理的选取,同样可以讨论下去而达

到化简曲线方程的目的).对于 A,B,C 引入以上约定以后,那么(8.38)就变为
$$\alpha^2 x^2 + 2\alpha\beta xy + \beta^2 y^2 + 2Dx + 2Ey + F = 0$$
即
$$(\alpha x + \beta y)^2 + 2Dx + 2Ey + F = 0 \qquad (8.39)$$
为了化简(8.39),把坐标轴旋转角度 θ,令 θ 满足条件
$$\tan\theta = -\frac{\alpha}{\beta} \qquad (8.40)$$
为了应用旋转公式,我们必须根据 $\tan\theta$ 的这个值把 $\sin\theta$ 与 $\cos\theta$ 求出来.由于 $\tan\theta = -\frac{\alpha}{\beta}$,并且 $\sin^2\theta + \cos^2\theta = 1$,就容易求出
$$\sin\theta = \mp\frac{\alpha}{\sqrt{\alpha^2+\beta^2}},\quad \cos\theta = \pm\frac{\beta}{\sqrt{\alpha^2+\beta^2}} \qquad (8.41)$$

在(8.41)的两个公式里,要同时取上号,或同时取下号.因为只有这样才能保证(8.40)成立.

如果同时取(8.41)中的上号,则 $\sin\theta$ 与 α 异号,而 $\cos\theta$ 与 β 同号,所以
$$B > 0 \Rightarrow \alpha > 0, \beta > 0 \Rightarrow \sin\theta < 0, \cos\theta > 0$$
从而 θ 是第四象限角
$$B < 0 \Rightarrow \alpha > 0, \beta < 0 \Rightarrow \sin\theta < 0, \cos\theta < 0$$
从而 θ 是第三象限角.

如果同时取(8.41)中的下号,则 $\sin\theta$ 与 α 同时,而 $\cos\theta$ 与 β 异号,所以
$$B > 0 \Rightarrow \alpha > 0, \beta > 0 \Rightarrow \sin\theta > 0, \cos\theta < 0$$
从而 θ 是第二象限角.
$$B < 0 \Rightarrow \alpha > 0, \beta < 0 \Rightarrow \sin\theta > 0, \cos\theta > 0$$
从而 θ 是第一象限角.

由以上讨论可知,同时取(8.41)中的上号,或同时取(8.41)中的下号,意味着转轴后新坐标系的横、纵轴上正方向的两种不同的选取.无论同时取(8.41)中的上号,还是同时取(8.41)中的下号,都能达到化简(8.38)的目的.

如果同取(8.41)中的上号,则旋转公式为
$$\begin{cases} x = x'\cos\theta - y'\sin\theta = \dfrac{\beta x' + \alpha y'}{\sqrt{\alpha^2+\beta^2}} \\ y = x'\sin\theta + y'\cos\theta = \dfrac{-\alpha x' + \beta y'}{\sqrt{\alpha^2+\beta^2}} \end{cases} \qquad (8.42)$$

当坐标轴旋转了角度 θ(第四或第三象限角),我们来求抛物线在新坐标系中的

方程

$$\alpha x + \beta y = \alpha \cdot \frac{\beta x' + \alpha y'}{\sqrt{\alpha^2 + \beta^2}} + \beta \cdot \frac{-\alpha x' + \beta y'}{\sqrt{\alpha^2 + \beta^2}} = \sqrt{\alpha^2 + \beta^2}\, y'$$

$$2Dx + 2Ey + F = 2D \cdot \frac{\beta x' + \alpha y'}{\sqrt{\alpha^2 + \beta^2}} + 2E \cdot \frac{-\alpha x' + \beta y'}{\sqrt{\alpha^2 + \beta^2}} + F$$

$$= 2 \cdot \frac{\beta D - \alpha E}{\sqrt{\alpha^2 + \beta^2}} x' + 2 \cdot \frac{\alpha D + \beta E}{\sqrt{\alpha^2 + \beta^2}} y' + F$$

若令

$$D' = \frac{\beta D - \alpha E}{\sqrt{\alpha^2 + \beta^2}}, \quad E' = \frac{\alpha D + \beta E}{\sqrt{\alpha^2 + \beta^2}} \tag{8.43}$$

则抛物线的方程(8.38)在坐标轴旋转了角度 θ 以后的新坐标系中变换为方程

$$(\alpha^2 + \beta^2) y'^2 + 2D'x' + 2E'y' + F = 0 \tag{8.44}$$

如果同取(8.41)中的下号,则旋转公式为

$$\begin{cases} x = x'\cos\theta - y'\sin\theta = \dfrac{-\beta x' - \alpha y'}{\sqrt{\alpha^2 + \beta^2}} \\ y = x'\sin\theta + y'\cos\theta = \dfrac{\alpha x' - \beta y'}{\sqrt{\alpha^2 + \beta^2}} \end{cases}$$

当坐标轴旋转了角度 θ(第二或第一象限角),则抛物线的方程(8.38)在新坐标系中变换为方程

$$(\alpha^2 + \beta^2) y'^2 - 2D'x' - 2E'y' + F = 0 \tag{8.45}$$

D', E' 的值见(8.43).

由于(8.44)或(8.45)中,二次项只有 y'^2 项,所以转轴后抛物线的轴与新坐标系的横轴是平行的.

在方程(8.44)或(8.45)中,已无坐标交叉项,因此可用平移进一步化简方程(8.44)或(8.45).平移坐标系,令新原点为 $O'(x_0, y_0)$,则平移公式为

$$\begin{cases} x' = x'' + x_0 \\ y' = y'' + y_0 \end{cases}$$

于是在平移后的新坐标系中抛物线的方程(8.44)变换为

$$(\alpha^2 + \beta^2)(y'' + y_0)^2 + 2D'(x'' + x_0) + 2E'(y'' + y_0) + F = 0$$

即

$$(\alpha^2 + \beta^2) y''^2 + 2D'x'' + 2[(\alpha^2 + \beta^2)y_0 + E']y'' +$$
$$(\alpha^2 + \beta^2) y_0^2 + 2D'x_0 + 2E'y_0 + F = 0 \tag{8.46}$$

要使方程(8.46)成为最简方程,要这样选择 x_0, y_0;令 y'' 的系数和常数项都为

0，即
$$\begin{cases}(\alpha^2+\beta^2)y_0+E'=0\\(\alpha^2+\beta^2)y_0^2+2D'x_0+2E'y_0+F=0\end{cases} \quad (8.47)$$

由于 $\alpha^2+\beta^2(\alpha^2+\beta^2\neq 0)$ 和 E' 都是已知的，所以由(8.47)的第一式可确定出 y_0. 由于已知抛物线的方程为(8.46)，所以 $D'\neq 0$，把所得的 y_0 的值代入(8.47)的第二式，便可计算出 x_0. 平移坐标轴，令新原点为 $O'(x_0,y_0)$，则抛物线的方程(8.46)在这新坐标中变换为方程

$$(\alpha^2+\beta^2)y''^2+2D'x''=0$$

把它写成标准形式为

$$y''^2=2p_0x'' \quad (8.48)$$

这里

$$p_0=-\frac{D'}{\alpha^2+\beta^2}=\frac{\alpha E-\beta D}{(\alpha^2+\beta^2)^{\frac{3}{2}}} \quad (8.49)$$

用和上面相同的方法化简(8.45)可得

$$y''^2=-2p_0x'' \quad (8.50)$$

这里的 p_0 见公式(8.49).

(8.48)与(8.50)表示的是同一抛物线，但 x'' 项的系数互为相反数，这正是因为这抛物线所在的两个坐标系的 x 轴、y 轴的方向分别相反(图8.11). 还要注意，这里的 p_0 可正可负.

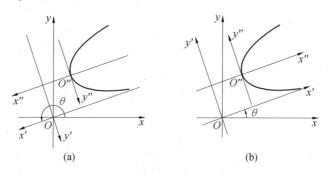

图 8.11

由以上的讨论得到以下的定理.

定理 8.19 把坐标轴旋转角度 θ，再平移坐标轴，可得到抛物线(8.38)的标准方程. 当旋转角度 θ 为第三或第四象限角时，标准方程为

$$y''^2=2p_0x''$$

当旋转角 θ 为第一或第二象限角时,标准方程为
$$y''^2 = -2p_0 x''$$
这里
$$p_0 = \frac{\alpha E - \beta D}{(\alpha^2 + \beta^2)^{\frac{3}{2}}}$$

(2) 抛物线的轴和顶点的确定

由以上的讨论,我们看出,抛物线的轴在坐标轴旋转之后的新坐标系中方程为 $y' = y_0$,其中 y_0 决定于(8.47),就是
$$y_0 = -\frac{E'}{\alpha^2 + \beta^2} = -\frac{\alpha D + \beta E}{(\alpha^2 + \beta^2)^{\frac{3}{2}}} \quad (由(8.43))$$

而 y' 由旋转公式(8.42)求出为
$$y' = \frac{\alpha x + \beta y}{\sqrt{\alpha^2 + \beta^2}}$$

把 y' 和 y_0 的表达式代入方程 $y' = y_0$,我们得到轴关于旧坐标系的方程为
$$\frac{\alpha x + \beta y}{\sqrt{\alpha^2 + \beta^2}} = -\frac{\alpha D + \beta E}{(\alpha^2 + \beta^2)^{\frac{3}{2}}}$$

即
$$\alpha x + \beta y + \frac{\alpha D + \beta E}{\alpha^2 + \beta^2} = 0$$

这是同时取(8.41)中的上号得到的结果.容易理解,若同时取(8.41)中的下号,结果相同.于是得到以下的定理.

定理 8.20 抛物线(8.38)的轴的方程为
$$\alpha x + \beta y + \frac{\alpha D + \beta E}{\alpha^2 + \beta^2} = 0$$

为了求出抛物线(8.38)的顶点的坐标 (x_0, y_0),只需解方程组
$$\begin{cases} (\alpha x + \beta y)^2 + 2Dx + 2Ey + F = 0 \\ \alpha x + \beta y + \dfrac{\alpha D + \beta E}{\alpha^2 + \beta^2} = 0 \end{cases}$$

化简抛物线方程的具体方法如下例所示.

例 8.13 化简抛物线方程 $x^2 + 2xy + y^2 + 2x + y = 0$,并作图.

解 要化简抛物线的方程和描绘抛物线,首先求出抛物线的轴的方程和顶点的坐标.为此,先把原方程写为
$$(x + y)^2 + 2x + y = 0$$

便可断定 $\alpha = 1, \beta = 1, D = 1, E = 1/2$.由定理 8.20 可知抛物线的轴的方程为

$$x+y+\frac{1\times 1+1\times\frac{1}{2}}{1^2+1^2}=0$$

即

$$x+y+\frac{3}{4}=0$$

要求顶点的坐标,需解方程组

$$\begin{cases}(x+y)^2+2x+y=0\\x+y+\dfrac{3}{4}=0\end{cases}$$

解得顶点的坐标为 $(\frac{3}{16},-\frac{15}{16})$. 由轴的方程可知,若坐标轴旋转的角度为 θ,则 $\tan\theta=-1$(或根据(8.40)). 由公式(8.41)得

$$\sin\theta=\mp\frac{\sqrt{2}}{2},\quad \cos\theta=\pm\frac{\sqrt{2}}{2}$$

方法 1 在 $\sin\theta$ 与 $\cos\theta$ 的值中同取下号

$$\sin\theta=\frac{\sqrt{2}}{2},\quad \cos\theta=-\frac{\sqrt{2}}{2}$$

这样,就确定了旋转坐标轴后新坐标轴的正向:θ 为第二象限角. 这时由定理 8.9,坐标变换公式为

$$\begin{cases}x=-\dfrac{\sqrt{2}}{2}x'-\dfrac{\sqrt{2}}{2}y'+\dfrac{3}{16}=-\dfrac{\sqrt{2}}{2}(x'+y')+\dfrac{3}{16}\\y=\dfrac{\sqrt{2}}{2}x'+\left(-\dfrac{\sqrt{2}}{2}\right)y'-\dfrac{15}{16}=\dfrac{\sqrt{2}}{2}(x'-y')-\dfrac{15}{16}\end{cases}$$

代入已知抛物线的方程 $x^2+2xy+y^2+2x+y=0$,即代入 $(x+y)^2+2x+y=0$,则它的新方程为

$$\left\{\left[-\frac{\sqrt{2}}{2}(x'+y')+\frac{3}{16}\right]+\left[\frac{\sqrt{2}}{2}(x'-y')-\frac{15}{16}\right]\right\}^2+$$
$$2\left[-\frac{\sqrt{2}}{2}(x'+y')+\frac{3}{16}\right]+\left[\frac{\sqrt{2}}{2}(x'-y')-\frac{15}{16}\right]=0$$

化简得

$$y'^2=\frac{\sqrt{2}}{4}x'$$

方法 2 在 $\sin\theta$ 与 $\cos\theta$ 的值中同取上号

$$\sin\theta = -\frac{\sqrt{2}}{2}, \quad \cos\theta = \frac{\sqrt{2}}{2}$$

这样,就确定了旋转坐标轴后新坐标轴的正向:θ 为第四象限角,这时坐标变换公式为

$$\begin{cases} x = \frac{\sqrt{2}}{2}x' - \left(-\frac{\sqrt{2}}{2}y'\right) + \frac{3}{16} = \frac{\sqrt{2}}{2}(x'+y') + \frac{3}{16} \\ y = -\frac{\sqrt{2}}{2}x' + \frac{\sqrt{2}}{2}y' - \frac{15}{16} = \frac{\sqrt{2}}{2}(-x'+y') - \frac{15}{16} \end{cases}$$

代入已知抛物线的方程,化简得

$$y'^2 = -\frac{\sqrt{2}}{4}x'$$

方法 3 在这里,$\alpha = 1, \beta = 1, D = 1, E = \frac{1}{2}$. 按照定理 8.19,当坐标轴的旋转角度 θ 为第一或第二象限角时,抛物线的标准方程为

$$y'^2 = -2 \times \frac{1 \times \frac{1}{2} - 1 \times 1}{(1^2 + 1^2)^{\frac{3}{2}}}x'$$

即

$$y'^2 = \frac{\sqrt{2}}{4}x'$$

方法 4 按照定理 8.19,当坐标轴的旋转角度 θ 为第三或第四象限角时,抛物线的标准方程为

$$y'^2 = -\frac{\sqrt{2}}{4}x'$$

根据化简抛物线方程的不同方法,就得到抛物线的相应的作图方法.

方法 1′ 首先作出抛物线的轴 $x + y + \frac{3}{4} = 0$ 及顶点 $O'(\frac{3}{16}, -\frac{15}{16})$. 以 O' 为新原点,依附抛物线的轴确定新横轴 $O'x'$,新横轴的正方向是指向斜上方的(因为由上面的方法 1 知道 θ 为第二象限角,或由上面的方法 3 知道 θ 为第一或第二象限角),建立新直角坐标系 $x'O'y'$. 在新坐标系中按抛物线的新方程 $y'^2 = \frac{\sqrt{2}}{4}x'$(由上面的方法 1 或方法 3 得到的)描出抛物线(图 8.12(a)).

方法 2′ 依附 $O', O'x'$ 建立新直角坐标系 $x'O'y'$. 但新横轴的正方向是指向斜下方的(因为由上面的方法 2 知道 θ 为第四象限角,或由上面的方法 4 知道

θ 为第三或第四象限角). 在新坐标系中按抛物线的新方程 $y'^2 = -\frac{\sqrt{2}}{4}x$(由上面的方法 2 或方法 4 得到的) 描出抛物线(图 8.12(b)).

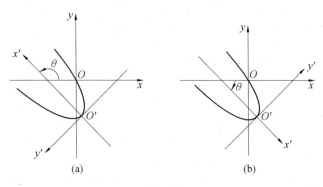

图 8.12

8.10.2 利用不变量化简二次曲线的方程

化简二次曲线方程的另一种方法是利用不变量. 在只需要知道二次曲线的最简方程, 而不需要知道它的标准坐标系(不需要知道二次曲线的位置)时, 这种方法尤显简便, 以下分三种情形讨论.

1. 中心型二次曲线方程的化简

设中心型二次曲线的方程为
$$Ax^2 + 2Bxy + Cy^2 + 2Dx + 2Ey + F = 0 \tag{8.51}$$
这里 $I_2 = AC - B^2 \neq 0$. 我们知道, 经过坐标变换, 方程(8.51)总可化为以下的最简形式
$$A'x'^2 + C'y'^2 + F' = 0$$
如果我们能够把 A', C', F' 确定下来, 那么化简(8.51)的问题也就解决了. 我们知道, 不论经过怎样的坐标变换, 总有
$$A' + C' = I_1 (= A + C)$$
$$A'C' = A'C' - B'^2 = I_2 (= AC - B^2)$$
这样, A' 与 $'$ 的和与乘积就都知道了. 根据二次方程根与系数的关系就知道 A', C' 是以下的二次方程

$$\lambda^2 - I_1\lambda + I_2 = 0 \tag{8.52}$$

即

$$\begin{vmatrix} A-\lambda & B \\ B & C-\lambda \end{vmatrix} = 0$$

的两个根 λ_1 和 λ_2：$A' = \lambda_1$，$C' = \lambda_2$（至于 A'，C' 各等于(8.52)的哪个根，可以随便，见下面的例 8.14）。在 $A'x'^2 + C'y'^2 + F' = 0$ 中，由不变量的理论可知

$$I_3 = I_3' = \begin{vmatrix} A' & 0 & 0 \\ 0 & C' & 0 \\ 0 & 0 & F' \end{vmatrix} = A'C'F'$$

所以

$$F' = \frac{I_3}{A'C'} = \frac{I_3}{I_2}$$

把 $A' = \lambda_1$，$C' = \lambda_2$，$F' = \dfrac{I_3}{I_2}$ 代入 $A'x'^2 + C'y'^2 + F' = 0$，得

$$\lambda_1 x'^2 + \lambda_2 y'^2 + \frac{I_3}{I_2} = 0$$

这样，中心型二次曲线的方程(8.51)利用不变量的理论化成了最简方程。

定理 8.21 如果二次曲线(8.51)是中心型的，那么它的方程的最简形式可用不变量表示为

$$\lambda_1 x'^2 + \lambda_2 y'^2 + \frac{I_3}{I_2} = 0$$

其中 λ_1 和 λ_2 是方程(8.52)的根。

方程(8.52)叫作二次曲线(8.51)的特征方程（λ 方程）。它的判别式

$$I_1^2 - 4I_2 = (A+C)^2 - 4(AC - B^2) = (A-C)^2 + 4B^2 \geqslant 0$$

所以(8.52)总有两个实根，这两个实根叫作二次曲线(8.51)的特征根。

推论 1 对于椭圆，如果 $|\lambda_1| \leqslant |\lambda_2|$，则

$$\text{长半轴 } a = \sqrt{-\frac{I_3}{\lambda_1 I_2}}, \quad \text{短半轴 } b = \sqrt{-\frac{I_3}{\lambda_2 I_2}}$$

推论 2 对于双曲线，如果取 λ_1 与 I_3 同号，则

$$\text{实半轴 } a = \sqrt{-\frac{I_3}{\lambda_1 I_2}}, \quad \text{虚半轴 } b = \sqrt{\frac{I_3}{\lambda_2 I_2}}$$

要作出中心型二次曲线(8.51)，必须求出(8.51)的两条轴的方程，就是最后的新坐标轴关于旧坐标系的方程。求法如下：因为曲线的两条轴（也就是坐标轴 $O'x'$，$O'y'$）通过曲线的中心 $O'(x_0, y_0)$，设坐标轴的旋转角为 θ，那么，一条

轴 $O'x'$ 的斜率 $k = \tan \theta$，从而这条轴对于原坐标系来说，它的方程为
$$y - y_0 = k(x - x_0)$$
因为取 $A' = \lambda_1, B' = 0$，根据式(8.27)的结果
$$A' = A\cos^2\theta + 2B\sin\theta\cos\theta + C\sin^2\theta = \lambda_1$$
$$B' = -A\sin\theta\cos\theta + B\cos^2\theta - B\sin^2\theta + C\sin\theta\cos\theta = 0$$
用 $\sin\theta$ 乘第一个等式、用 $\cos\theta$ 乘第二个等式，然后左、右分别相加，得
$$B\cos\theta + C\sin\theta = \lambda_1 \sin\theta$$
8.9.1 已指出，$\sin 2\theta$ 不能等于 0，因而 $\cos\theta$ 也不能等于 0，所以可用 $\cos\theta$ 除以上等式得
$$k = \tan\theta = \frac{B}{\lambda_1 - C}$$
于是一条轴($O'x'$) 的方程为
$$y - y_0 = \frac{B}{\lambda_1 - C}(x - x_0)$$
因两条轴互相垂直，所以另一条轴($O'y'$) 的斜率为 $\frac{C - \lambda_1}{B}$。但由于
$$\frac{C - \lambda_1}{B} = \frac{B}{\lambda_2 - C}$$
(这是因为 $B^2 - (C - \lambda_1)(\lambda_2 - C) = B^2 + C^2 + \lambda_1\lambda_2 - C(\lambda_1 + \lambda_2) = B^2 + C^2 + (AC - B^2) - C(A + C) = 0$) 所以另一条轴($O'y'$) 的方程为
$$y - y_0 = \frac{B}{\lambda_2 - C}(x - x_0)$$

定理 8.22 若中心型二次曲线(8.51)的中心为(x_0, y_0)，特征根为 λ_1 和 λ_2，那么，曲线的两条轴(即新坐标轴 $O'x'$ 和 $O'y'$) 的方程分别为
$$y - y_0 = \frac{B}{\lambda_1 - C}(x - x_0) \quad (8.53)$$
和
$$y - y_0 = \frac{B}{\lambda_2 - C}(x - x_0) \quad (8.54)$$

由(8.53),(8.54)确定了新坐标轴，就可以描出曲线(8.51)。

利用不变式化简中心型二次曲线，有一个问题需要提出：由于 λ_1 和 λ_2 的对称性，如果在曲线的最简方程
$$\lambda_1 x'^2 + \lambda_2 y'^2 + \frac{I_3}{I_2} = 0$$
中把 λ_1 与 λ_2 对调，可以得到最简方程的另一形式

$$\lambda_2 x'^2 + \lambda_1 y'^2 + \frac{I_3}{I_2} = 0$$

但这绝不是说有两条曲线,因为 λ_1 与 λ_2 对调后,曲线的两条轴的方程也同时对调,即新坐标轴 $O'x'$ 与 $O'y'$ 调换一下位置,曲线还是这一条,只是对两个标准坐标系有两个最简方程.

例 8.14 利用不变量化曲线方程

$$5x^2 - 6xy + 5y^2 - 6\sqrt{2}\,x + 2\sqrt{2}\,y - 4 = 0$$

为最简方程,并描出这曲线.

解 这里 $A=5, B=-3, C=5, D=-3\sqrt{2}, E=\sqrt{2}, F=-4$,因为

$$I_2 = 5 \times 5 - (-3)^2 = 16 \neq 0$$

所以已知二次曲线是中心型的,从而可用定理 8.21 求出它的最简方程

$$I_1 = 10, \quad I_3 = -128$$

曲线的特征方程为

$$\lambda^2 - 10\lambda + 16 = 0$$

方程的两个特征根为 $\lambda_1 = 2, \lambda_2 = 8$,又

$$\frac{I_3}{I_2} = \frac{-128}{16} = -8$$

所以曲线的最简方程为

$$2x'^2 + 8y'^2 - 8 = 0$$

即

$$x'^2 + 4y'^2 - 4 = 0$$

若取 $\lambda_1 = 8, \lambda_2 = 2$,则曲线的最简方程为

$$8x'^2 + 2y'^2 - 8 = 0$$

即

$$4x'^2 + y'^2 - 4 = 0$$

这个椭圆的中心方程组为

$$\begin{cases} 5x - 3y - 3\sqrt{2} = 0 \\ -3x + 5y + \sqrt{2} = 0 \end{cases}$$

解这方程组求得中心为 $(\frac{3\sqrt{2}}{4}, \frac{\sqrt{2}}{4})$.

若取 $\lambda_1 = 2, \lambda_2 = 8$,则椭圆 $x'^2 + 4y'^2 - 4 = 0$ 的标准坐标系 $O'x'$ 轴的方程为

$$y - \frac{\sqrt{2}}{4} = \frac{-3}{2-5}\left(x - \frac{3\sqrt{2}}{4}\right)$$

即

$$y = x - \frac{\sqrt{2}}{2}$$

$O'y'$ 轴的方程为

$$y - \frac{\sqrt{2}}{4} = \frac{-3}{8-5}\left(x - \frac{3\sqrt{2}}{4}\right)$$

即

$$y = -x + \sqrt{2}$$

如图 8.13(a),按 $O'x'$,$O'y'$ 的方程作出坐标系 $x'O'y'$. 在这坐标系中描出椭圆 $x'^2 + 4y'^2 - 4 = 0$,这即是原方程表示的椭圆.

若取 $\lambda_1 = 8$, $\lambda_2 = 2$,则椭圆 $4x'^2 + y'^2 - 4 = 0$ 的标准坐标系的 $O'x'$ 轴的方程为 $y = -x + \sqrt{2}$,$O'y'$ 轴的方程为 $y = x - \frac{\sqrt{2}}{2}$. 如图 8.13(b),按 $O'x'$,$O'y'$ 的方程作出坐标系 $x'O'y'$. 在这坐标系中描出椭圆 $4x'^2 + y'^2 - 4 = 0$,这即是原方程表示的椭圆.

λ_1 与 λ_2 取值不同,只影响曲线的方程,但不影响曲线的形状、位置.

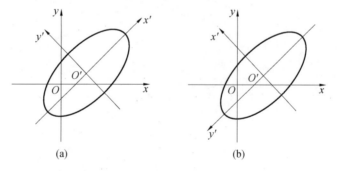

图 8.13

2. 无心型二次曲线方程的化简

设无心型二次曲线的方程为

$$Ax^2 + 2Bxy + Cy^2 + 2Dx + 2Ey + F = 0 \qquad (8.51)$$

这里 $I_2=0$,而 $I_3 \neq 0$. 我们知道,经过坐标变换,方程(8.51)总可化为以下的最简形式

$$A'x'^2 + 2E'y' = 0 \quad \text{或} \quad C'y'^2 + 2D'x' = 0$$

在前一方程中

$$B' = C' = D' = F' = 0$$

所以

$$I_1 = A' + C' = A'$$

$$I_3 = \begin{vmatrix} A' & 0 & 0 \\ 0 & 0 & E' \\ 0 & E' & 0 \end{vmatrix} = -A'E'^2 = -I_1 E'^2$$

所以

$$E' = \pm \sqrt{-\frac{I_3}{I_1}}$$

代入 $A'x'^2 + 2E'y' = 0$,得

$$I_1 x'^2 \pm 2\sqrt{-\frac{I_3}{I_1}} y' = 0$$

在后一方程中

$$A' = B' = E' = F' = 0$$

同理可得

$$I_1 y'^2 \pm 2\sqrt{-\frac{I_3}{I_1}} x' = 0$$

这样,无心型曲线的方程(8.51)利用不变量的理论化成了最简方程.

定理 8.23 如果二次曲线(8.51)是无心型的,那么,它的方程的最简形式用不变量可表示为

$$I_1 x'^2 \pm 2\sqrt{-\frac{I_3}{I_1}} y' = 0$$

或

$$I_1 y'^2 \pm 2\sqrt{-\frac{I_3}{I_1}} x' = 0$$

其中"$\pm$"任取一个即可.

推论 对于抛物线,它的焦参数 $p = \sqrt{-\frac{I_3}{I_1^3}}$.

例 8.15 利用不变量化无心型曲线方程

$$9x^2 - 24xy + 16y^2 - 40x - 30y - 50 = 0$$

为最简方程.

解 因为 $A=9, B=-12, C=16, D=-20, E=-15, F=-50$，所以
$$I_1 = 25, I_3 = -15\,625$$

所以
$$\sqrt{-\frac{I_3}{I_1}} = \sqrt{\frac{15\,625}{25}} = 25$$

所以曲线的最简方程为
$$25x'^2 - 2 \times 25 y' = 0$$

或
$$25x'^2 + 2 \times 25 y' = 0$$

即
$$x'^2 - 2y' = 0$$

或
$$x'^2 + 2y' = 0$$

最简方程也可为
$$y'^2 - 2x' = 0$$

或
$$y'^2 + 2x' = 0$$

3. 多心型二次曲线方程的化简

设多心型二次曲线的方程为
$$Ax^2 + 2Bxy + Cy^2 + 2Dx + 2Ey + F = 0 \tag{8.51}$$

这里 $I_2 = I_3 = 0$. 我们知道，经过坐标变换，方程(8.51)总可化为以下的最简形式
$$A'x'^2 + F' = 0$$

或
$$C'y'^2 + F' = 0$$

在前一方程中
$$B' = C' = D' = E' = 0$$

所以
$$I_1 = I_1' = A'$$

$$K_1 = K_1' = \begin{vmatrix} A' & 0 \\ 0 & F' \end{vmatrix} + \begin{vmatrix} 0 & 0 \\ 0 & F' \end{vmatrix} = A'F' = I_1 F'$$

所以
$$F' = \frac{K_1}{I_1}$$

所以多心型二次曲线的最简方程为
$$I_1 x'^2 + \frac{K_1}{I_1} = 0$$

在后一方程中
$$A' = B' = D' = E' = 0$$

同理可得
$$I_1 y'^2 + \frac{K_1}{I_1} = 0$$

这样,多心型二次曲线的方程(8.51)利用不变量的理论化成了最简方程.

定理 8.24 如果二次曲线(8.51)是多心型的,那么它的方程的最简形式用不变量可表示为
$$I_1 x'^2 + \frac{K_1}{I_1} = 0$$

或
$$I_1 y'^2 + \frac{K_1}{I_1} = 0$$

推论 若方程(8.51)表示一对平行线,则它们之间的距离为 $2\sqrt{-\dfrac{K_1}{I_1^2}}$.

例 8.16 利用定理 8.16 证明方程 $25x^2 - 10xy + y^2 + 10x - 2y - 25 = 0$ 确定一对平行直线,利用不变量写出它的最简方程,并求出它们之间的距离.

解 这里 $A = 25, B = -5, C = 1, D = 5, E = -1, F = -25$,所以
$$I_2 = 0, I_3 = 0, K_1 = -676 < 0$$

所以已知方程表示一对平行直线
$$I_1 = 26$$

所以这对平行直线的最简方程为
$$26x'^2 + \frac{-676}{26} = 0$$

或
$$26y'^2 + \frac{-676}{26} = 0$$

即
$$x'^2 = 1 \quad \text{或} \quad y'^2 = 1$$
它们之间的距离为 2.

8.11 确定一条二次曲线的条件

在二元二次方程
$$Ax^2 + 2Bxy + Cy^2 + 2Dx + 2Ey + F = 0$$
中,三个二次项的系数 A,B 和 C 至少有一个不为 0. 例如 $A \neq 0$,用 A 除方程的各项,便得
$$x^2 + \frac{2B}{A}xy + \frac{C}{A}y^2 + \frac{2D}{A}x + \frac{2E}{A}y + \frac{F}{A} = 0$$
即
$$x^2 + 2B'xy + C'y^2 + 2D'x + 2E'y + F' = 0$$
由此可知:需且只需五个独立条件确定 B',C',D',E' 和 F' 这五个系数.

定理 8.25 五个独立条件确定一条二次曲线.

例 8.17 求通过点 $P_1(1,-1), P_2(2,3), P_3(2,-5), P_4(5,7)$ 和 $P_5(-2,-9)$ 的二次曲线的方程.

解 在五个已知点中,先考虑其中任意四个,例如考虑 P_1, P_2, P_3 和 P_4. 在这四个已知点中,任取两点,例如取 P_1 和 P_2. 求出通过 P_1 和 P_2 的直线的方程为
$$4x - y - 5 = 0 \tag{8.55}$$
再求出通过其余两点的直线的方程为
$$4x - y - 13 = 0 \tag{8.56}$$
在这四个已知点中再取两点,这两点既不同于第一次取的两点,也不同于第二次取的两点. 例如取 P_1 和 P_3,求出通过 P_1 和 P_3 的直线的方程为
$$4x + y - 3 = 0 \tag{8.57}$$
要求出通过其余两点的直线的方程为
$$4x - 3y + 1 = 0 \tag{8.58}$$
利用方程(8.55),(8.56) 和 (8.57),(8.58) 作出以下的二元二次方程
$$(4x - y - 5)(4x - y - 13) + \lambda(4x + y - 3)(4x - 3y + 1) = 0 \tag{8.59}$$
这里 λ 是待定的常数. 方程(8.59) 实际上是过 P_1, P_2, P_3 和 P_4 这四个已知点的二次曲线的方程(请读者自己证明). 又因这条二次曲线通过点 $P_5(-2,-9)$,

所以 P_5 的坐标满足(8.59),这就有
$$(-8+9-5)(-8+9-13)+\lambda(-8-9-3)(-8+27+1)=0$$
由此得
$$\lambda=\frac{3}{25}$$
把 λ 的值代入(8.59),便得到通过五个已知点的二次曲线的方程
$$(4x-y-5)(4x-y-13)+\frac{3}{25}(4x+y-3)(4x-3y+1)=0$$
即
$$28x^2-14xy+y^2-114x+30y+101=0$$

例 8.18 一条二次曲线通过点 $P(1,1)$,并且通过另一二次曲线 $C:x^2+2xy+5y^2-7x-8y+6=0$ 与直线 $l_1:2x-y-5=0$ 的交点及 C 与 $l_2:3x+y-11=0$ 的交点,求这二次曲线的方程.

解 由于所求的二次曲线通过 C 与 l_1 的交点及 C 与 l_2 的交点,这条二次曲线的方程为
$$x^2+2xy+5y^2-7x-8y+6+\lambda(2x-y-5)(3x+y-11)=0$$
(请读者自己证明)这里 λ 是待定的常数.又因为这条曲线通过点 $P(1,1)$,所以 P 的坐标满足这条曲线的方程,由此求得 $\lambda=\frac{1}{28}$.这就求得曲线的方程
$$34x^2+55xy+139y^2-233x-218y+223=0$$

8.12 二次曲线系

本节讨论两种重要的二次曲线系.

8.12.1 三种二次曲线对于顶点的统一方程

设在平面上建立了一个直角坐标系,令椭圆,或双曲线,或抛物线的一个顶点在原点,以一条坐标轴为轴,这时,这三种二次曲线的方程分别叫作椭圆,或双曲线,或抛物线对于顶点的方程.我们来求这三种二次曲线对于顶点的统一方程.

对于椭圆,令它的左顶点在原点,中心在 x 轴的正半轴上,长轴为 $2a$,短轴为 $2b$,则这椭圆对于顶点的方程为

$$\frac{(x-a)^2}{a^2}+\frac{y^2}{b^2}=1$$

这个方程可以改写为

$$y^2=\frac{2b^2}{a}x-\frac{b^2}{a^2}x^2$$

令 $\frac{b^2}{a}=p,\frac{b^2}{a^2}=q$，则上面的方程变为

$$y^2=2px-qx^2$$

由于 $e^2=\frac{a^2-b^2}{a^2}=1-q$，所以 $q=1-e^2$，所以上面的方程又变为

$$y^2=2px-(1-e^2)x^2 \quad (8.60)$$

这是椭圆对于顶点的方程。

对于双曲线，令它的右顶点在原点，中心在 x 轴的负半轴上，实轴为 $2a$，虚轴为 $2b$，则这双曲线对于顶点的方程为

$$\frac{[x-(-a)]^2}{a^2}-\frac{y^2}{b^2}=1$$

这个方程可以改写为

$$y^2=\frac{2b^2}{a}x+\frac{b^2}{a^2}x^2$$

仍令 $\frac{b^2}{a}=p,\frac{b^2}{a^2}=q$，则上面的方程变为

$$y^2=2px+qx^2$$

由于 $e^2=\frac{a^2+b^2}{a^2}=1+q$，所以 $q=e^2-1$，所以上面的方程又变为

$$y^2=2px+(e^2-1)x^2$$

即

$$y^2=2px-(1-e^2)x^2 \quad (8.61)$$

这是双曲线对于顶点的方程。

对于抛物线，令它的顶点在原点，以 x 轴为轴，并且开口向右，焦参数为 p，则这抛物线对于顶点的方程为

$$y^2=2px \quad (8.62)$$

显然(8.60)同时代表了椭圆、双曲线和抛物线对于顶点的方程，这是因为(8.61)和(8.60)相同，当 $e=1$ 时，曲线为抛物线，而这时(8.60)变为(8.62)。

对于每种二次曲线来说，p 都称为焦参数。p 有共同的几何意义。对于椭圆

或双曲线来说,由于 $p=\dfrac{b^2}{a}$,所以 p 为椭圆或双曲线的通径的长度的一半. 对于抛物线来说,p 也是它的通径的长度的一半.

对于三种曲线如果取相同的 p 值,根据方程(8.60),可以从离心率 e 的值看出:对于椭圆来说,方程(8.60)的右端小于 $2px$;对于双曲线来说,方程(8.60)的右端大于 $2px$;对于抛物线来说,方程(8.60)的右端等于 $2px$. 就是说,具

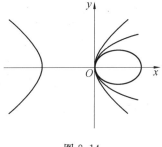

图 8.14

有相同的 p 值,位于同一个如上文所说的坐标系中,椭圆在最内,双曲线在最外,抛物线介于二者之间(图 8.14).

8.12.2 共焦点的椭圆和双曲线系

讨论以下四个问题：
(1) 与已知椭圆
$$\frac{x^2}{a^2}+\frac{y^2}{b^2}=1 \quad (a>b>0) \tag{8.63}$$
有共同焦点的中心型二次曲线系的方程;
(2) 在(1)所得的结果中,给参数以不同的允许值,讨论二次曲线的变化；
(3) 证明:通过平面上坐标轴以外的每个点与(8.63)共焦点的中心型二次曲线一为椭圆,一为双曲线；
(4) 证明:共焦点的任一个椭圆和任一条双曲线正交.

解 (1) 与已知椭圆(8.63)有共同焦点的中心型二次曲线为椭圆或双曲线,这种椭圆或双曲线与已知椭圆(8.63)有共同的轴,因此这种椭圆或双曲线的方程具有以下形式
$$\frac{x^2}{A}+\frac{y^2}{B}=1 \tag{8.64}$$
这里 $A>0,A>B\neq 0$. 当 $B>0$ 时,(8.64)为椭圆;当 $B<0$ 时,(8.64)为双曲线.(8.63)的焦点为 $(\pm\sqrt{a^2-b^2},0)$,而(8.64)的焦点为 $(\pm\sqrt{A-B},0)$(不论 $B>0$,还是 $B<0$,这结果都成立),所以
$$\pm\sqrt{A-B}=\pm\sqrt{a^2-b^2}$$

由此得

$$A - B = a^2 - b^2$$

所以有

$$A - a^2 = B - b^2$$

设这个差为 $\lambda: A - a^2 = B - b^2 = \lambda$，则有

$$A = a^2 + \lambda, B = b^2 + \lambda$$

所以与椭圆(8.63)有共同焦点的中心型二次曲线系的方程为

$$\frac{x^2}{a^2 + \lambda} + \frac{y^2}{b^2 + \lambda} = 1 \quad (8.65)$$

这里 λ 是参数，λ 不能取 $-a^2$ 或 $-b^2$ 及小于 $-a^2$ 的值.

(2) 给 λ 以不同的允许值来讨论二次曲线(8.65)的变化.

当 λ 取任意正数时，(8.65)总是椭圆. 这些椭圆的长、短轴各大于椭圆(8.63)的长、短轴，所以这些椭圆包围着已知椭圆(8.63)，并且随着 λ 增大，椭圆也逐渐增大. 而离心率 $e = \dfrac{c}{\sqrt{a^2 + \lambda}} = \dfrac{\sqrt{a^2 - b^2}}{\sqrt{a^2 + \lambda}}$，由此可见，随 λ 增大而 e 随之减小，所以 λ 越大，椭圆(8.65)越接近于圆.

当 λ 取 $-b^2$ 与 0 之间的值时，(8.65)总是椭圆，这是因为 $a^2 + \lambda > 0, b^2 + \lambda > 0$，并且被包含于已知椭圆(8.63)内部. 当 λ 越接近于 0 时，(8.65)越接近于已知椭圆(8.63)；当 λ 趋近于 $-b^2$ 时，长轴 $= 2\sqrt{a^2 + \lambda} \to 2\sqrt{a^2 - b^2} = 2c$(焦距)，短轴 $= 2\sqrt{b^2 + \lambda} \to 0$，可见当 λ 趋近于 $-b^2$ 时，椭圆(8.65)接近于联结椭圆(8.63)两焦点的线段 $F_1 F_2$.

当 $-a^2 < \lambda < -b^2$ 时，这时在(8.65)中 $a^2 + \lambda > 0, b^2 + \lambda < 0$，所以这时(8.65)是双曲线. 当 λ 越接近于 $-b^2$ 时，$b^2 + \lambda$ 的绝对值越小，而 $a^2 + \lambda$ 越大，所以双曲线的开口越小，而接近于从 F_1, F_2 分别出发各向左、右引出的两条射线；当 λ 越接近于 $-a^2$ 时，则 $a^2 + \lambda$ 越小，而 $b^2 + \lambda$ 的绝对值越大，所以双曲线的开口越大，而越来越接近于 y 轴(图 8.15).

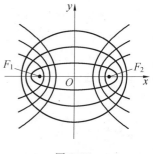

图 8.15

(3) 设 $M(x_0, y_0)$ 是平面上的一个已知点，它不在 x 轴或 y 轴上，即 $x_0 \neq 0, y_0 \neq 0$. 通过这点并且和椭圆(8.63)共焦点的二次曲线设为(8.65). 因它通过点 $M(x_0, y_0)$，所以有

$$\frac{x_0^2}{a^2 + \lambda} + \frac{y_0^2}{b^2 + \lambda} = 1$$

两端各乘以 $(a^2+\lambda)(b^2+\lambda)$，得
$$x_0^2(b^2+\lambda)+y_0^2(a^2+\lambda)=(a^2+\lambda)(b^2+\lambda) \tag{8.66}$$
为考虑 $a^2+\lambda$ 的值方便，令 $a^2+\lambda=u$，则
$$b^2+\lambda=(a^2-c^2)+\lambda=u-c^2$$
所以(8.66)可写为
$$x_0^2(u-c^2)+y_0^2 u=u(u-c^2)$$
即
$$u^2-(x_0^2+y_0^2+c^2)u+c^2 x_0^2=0$$
它的根的判别式
$$\begin{aligned}\Delta &=(x_0^2+y_0^2+c^2)^2-4c^2 x_0^2\\ &=(x_0^2+y_0^2+c^2+2cx_0)(x_0^2+y_0^2+c^2-2cx_0)\\ &=[(x_0+c)^2+y_0^2][(x_0-c)^2+y_0^2]>0\end{aligned}$$
所以 u 的两个值是不等两实数．又由二次方程根与系数的关系，u 的这两个值的和为 $x_0^2+y_0^2+c^2>0$，而乘积为 $c^2 x_0^2>0$，所以 u 的两个值都是正数，即 $a^2+\lambda$ 的两个值都是正数，并且一大一小．为考虑 $b^2+\lambda$ 的值方便，令 $b^2+\lambda=v$，则
$$a^2+\lambda=(b^2+c^2)+\lambda=v+c^2$$
所以(8.66)可写为
$$x_0^2 v+y_0^2(v+c^2)=v(v+c^2)$$
即
$$v^2+(c^2-x_0^2-y_0^2)v-y_0^2 c^2=0$$
它的根的判别式
$$\Delta=(c^2-x_0^2-y_0^2)^2+4y_0^2 c^2>0$$
所以 v 的两个值都是实数．又由二次方程根与系数的关系，v 的这两个值的乘积为 $-y_0^2 c^2<0$，所以 v 的这两个值一正一负，即 $b^2+\lambda$ 的两个值一个是正数，一个是负数．$a^2+\lambda$ 的较大值与 $b^2+\lambda$ 的正值分别是与(8.63)共焦点的椭圆的两个半轴的平方；$a^2+\lambda$ 的较小值与 $b^2+\lambda$ 的负值的相反数分别是与(8.63)共焦点的双曲线的两个半轴的平方．所以通过已知点 $M(x_0,y_0)$ 并且与椭圆(8.63)共焦点的二次曲线有两条，一为椭圆，一为双曲线．

(4) 取共焦点的一个椭圆和一条双曲线
$$\frac{x^2}{a^2+\lambda_1}+\frac{y^2}{b^2+\lambda_1}=1$$
和

$$\frac{x^2}{a^2+\lambda_2}+\frac{y^2}{b^2+\lambda_2}=1$$

（这里 $\lambda_1 \neq \lambda_2$）设它们的交点之一为 (x_0, y_0)，则在这交点处的两条二次曲线的切线的方程各为

$$\frac{x_0 x}{a^2+\lambda_1}+\frac{y_0 y}{b^2+\lambda_1}=1$$

和

$$\frac{x_0 x}{a^2+\lambda_2}+\frac{y_0 y}{b^2+\lambda_2}=1$$

这两条切线的斜率各为

$$k_1=-\frac{x_0(b^2+\lambda_1)}{y_0(a^2+\lambda_1)}$$

和

$$k_2=-\frac{x_0(b^2+\lambda_2)}{y_0(a^2+\lambda_2)}$$

由于 (x_0, y_0) 是两已知二次曲线的交点，所以

$$\frac{x_0^2}{a^2+\lambda_1}+\frac{y_0^2}{b^2+\lambda_1}=1$$

和

$$\frac{x_0^2}{a^2+\lambda_2}+\frac{y_0^2}{b^2+\lambda_2}=1$$

两式左、右各相减，得

$$\frac{x_0^2(\lambda_1-\lambda_2)}{(a^2+\lambda_1)(a^2+\lambda_2)}+\frac{y_0^2(\lambda_1-\lambda_2)}{(b^2+\lambda_1)(b^2+\lambda_2)}=0$$

由于 $\lambda_1 \neq \lambda_2$，所以 $\lambda_1-\lambda_2 \neq 0$，因此可把上式中的 $\lambda_1-\lambda_2$ 消去，得

$$x_0^2(b^2+\lambda_1)(b^2+\lambda_2)+y_0^2(a^2+\lambda_1)(a^2+\lambda_2)=0$$

于是

$$k_1 k_2=\left(-\frac{x_0(b^2+\lambda_1)}{y_0(a^2+\lambda_1)}\right)\left(-\frac{x_0(b^2+\lambda_2)}{y_0(a^2+\lambda_2)}\right)=-1$$

这就证明了曲线在它们的交点 (x_0, y_0) 的两切线互相垂直，从而两二次曲线正交。

刘培杰数学工作室
已出版(即将出版)图书目录——初等数学

书　　名	出版时间	定　价	编号
新编中学数学解题方法全书(高中版)上卷(第2版)	2018—08	58.00	951
新编中学数学解题方法全书(高中版)中卷(第2版)	2018—08	68.00	952
新编中学数学解题方法全书(高中版)下卷(一)(第2版)	2018—08	58.00	953
新编中学数学解题方法全书(高中版)下卷(二)(第2版)	2018—08	58.00	954
新编中学数学解题方法全书(高中版)下卷(三)(第2版)	2018—08	68.00	955
新编中学数学解题方法全书(初中版)上卷	2008—01	28.00	29
新编中学数学解题方法全书(初中版)中卷	2010—07	38.00	75
新编中学数学解题方法全书(高考复习卷)	2010—01	48.00	67
新编中学数学解题方法全书(高考真题卷)	2010—01	38.00	62
新编中学数学解题方法全书(高考精华卷)	2011—03	68.00	118
新编平面解析几何解题方法全书(专题讲座卷)	2010—01	18.00	61
新编中学数学解题方法全书(自主招生卷)	2013—08	88.00	261
数学奥林匹克与数学文化(第一辑)	2006—05	48.00	4
数学奥林匹克与数学文化(第二辑)(竞赛卷)	2008—01	48.00	19
数学奥林匹克与数学文化(第二辑)(文化卷)	2008—07	58.00	36′
数学奥林匹克与数学文化(第三辑)(竞赛卷)	2010—01	48.00	59
数学奥林匹克与数学文化(第四辑)(竞赛卷)	2011—08	58.00	87
数学奥林匹克与数学文化(第五辑)	2015—06	98.00	370
世界著名平面几何经典著作钩沉——几何作图专题卷(共3卷)	2022—01	198.00	1460
世界著名平面几何经典著作钩沉(民国平面几何老课本)	2011—03	38.00	113
世界著名平面几何经典著作钩沉(建国初期平面三角老课本)	2015—08	38.00	507
世界著名解析几何经典著作钩沉——平面解析几何卷	2014—01	38.00	264
世界著名数论经典著作钩沉(算术卷)	2012—01	28.00	125
世界著名数学经典著作钩沉——立体几何卷	2011—02	28.00	88
世界著名三角学经典著作钩沉(平面三角卷Ⅰ)	2010—06	28.00	69
世界著名三角学经典著作钩沉(平面三角卷Ⅱ)	2011—01	38.00	78
世界著名初等数论经典著作钩沉(理论和实用算术卷)	2011—07	38.00	126
世界著名几何经典著作钩沉(解析几何卷)	2022—10	68.00	1564
发展你的空间想象力(第3版)	2021—01	98.00	1464
空间想象力进阶	2019—05	68.00	1062
走向国际数学奥林匹克的平面几何试题诠释.第1卷	2019—07	88.00	1043
走向国际数学奥林匹克的平面几何试题诠释.第2卷	2019—09	78.00	1044
走向国际数学奥林匹克的平面几何试题诠释.第3卷	2019—03	78.00	1045
走向国际数学奥林匹克的平面几何试题诠释.第4卷	2019—09	98.00	1046
平面几何证明方法全书	2007—08	35.00	1
平面几何证明方法全书习题解答(第2版)	2006—12	18.00	10
平面几何天天练上卷·基础篇(直线型)	2013—01	58.00	208
平面几何天天练中卷·基础篇(涉及圆)	2013—01	28.00	234
平面几何天天练下卷·提高篇	2013—01	58.00	237
平面几何专题研究	2013—07	98.00	258
平面几何解题之道.第1卷	2022—05	38.00	1494
几何学习题集	2020—10	48.00	1217
通过解题学习代数几何	2021—04	88.00	1301
圆锥曲线的奥秘	2022—06	88.00	1541

刘培杰数学工作室
已出版(即将出版)图书目录——初等数学

书 名	出版时间	定 价	编号
最新世界各国数学奥林匹克中的平面几何试题	2007—09	38.00	14
数学竞赛平面几何典型题及新颖解	2010—07	48.00	74
初等数学复习及研究(平面几何)	2008—09	68.00	38
初等数学复习及研究(立体几何)	2010—06	38.00	71
初等数学复习及研究(平面几何)习题解答	2009—01	58.00	42
几何学教程(平面几何卷)	2011—03	68.00	90
几何学教程(立体几何卷)	2011—07	68.00	130
几何变换与几何证题	2010—06	88.00	70
计算方法与几何证题	2011—06	28.00	129
立体几何技巧与方法(第2版)	2022—10	168.00	1572
几何瑰宝——平面几何500名题暨1500条定理(上、下)	2021—07	168.00	1358
三角形的解法与应用	2012—07	18.00	183
近代的三角形几何学	2012—07	48.00	184
一般折线几何学	2015—08	48.00	503
三角形的五心	2009—06	28.00	51
三角形的六心及其应用	2015—10	68.00	542
三角形趣谈	2012—08	28.00	212
解三角形	2014—01	28.00	265
探秘三角形:一次数学旅行	2021—10	68.00	1387
三角学专门教程	2014—09	28.00	387
图天下几何新题试卷.初中(第2版)	2017—11	58.00	855
圆锥曲线习题集(上册)	2013—06	68.00	255
圆锥曲线习题集(中册)	2015—01	78.00	434
圆锥曲线习题集(下册·第1卷)	2016—10	78.00	683
圆锥曲线习题集(下册·第2卷)	2018—01	98.00	853
圆锥曲线习题集(下册·第3卷)	2019—10	128.00	1113
圆锥曲线的思想方法	2021—08	48.00	1379
圆锥曲线的八个主要问题	2021—10	48.00	1415
论九点圆	2015—05	88.00	645
近代欧氏几何学	2012—03	48.00	162
罗巴切夫斯基几何学及几何基础概要	2012—07	28.00	188
罗巴切夫斯基几何学初步	2015—06	28.00	474
用三角、解析几何、复数、向量计算解数学竞赛几何题	2015—03	48.00	455
用解析法研究圆锥曲线的几何理论	2022—05	48.00	1495
美国中学几何教程	2015—04	88.00	458
三线坐标与三角形特征点	2015—04	98.00	460
坐标几何学基础.第1卷,笛卡儿坐标	2021—08	48.00	1398
坐标几何学基础.第2卷,三线坐标	2021—09	28.00	1399
平面解析几何方法与研究(第1卷)	2015—05	18.00	471
平面解析几何方法与研究(第2卷)	2015—06	18.00	472
平面解析几何方法与研究(第3卷)	2015—07	18.00	473
解析几何研究	2015—01	38.00	425
解析几何学教程.上	2016—01	38.00	574
解析几何学教程.下	2016—01	38.00	575
几何学基础	2016—01	58.00	581
初等几何研究	2015—02	58.00	444
十九和二十世纪欧氏几何学中的片段	2017—01	58.00	696
平面几何中考.高考.奥数一本通	2017—07	28.00	820
几何学简史	2017—08	28.00	833
四面体	2018—01	48.00	880
平面几何证明方法思路	2018—12	68.00	913
折纸中的几何练习	2022—09	48.00	1559
中学新几何学(英文)	2022—10	98.00	1562
线性代数与几何	2023—04	68.00	1633
四面体几何学引论	2023—06	68.00	1648

刘培杰数学工作室
已出版(即将出版)图书目录——初等数学

书 名	出版时间	定 价	编号
平面几何图形特性新析.上篇	2019—01	68.00	911
平面几何图形特性新析.下篇	2018—06	88.00	912
平面几何范例多解探究.上篇	2018—04	48.00	910
平面几何范例多解探究.下篇	2018—12	68.00	914
从分析解题过程学解题:竞赛中的几何问题研究	2018—07	68.00	946
从分析解题过程学解题:竞赛中的向量几何与不等式研究(全2册)	2019—06	138.00	1090
从分析解题过程学解题:竞赛中的不等式问题	2021—01	48.00	1249
二维、三维欧氏几何的对偶原理	2018—12	38.00	990
星形大观及闭折线论	2019—03	68.00	1020
立体几何的问题和方法	2019—11	58.00	1127
三角代换论	2021—05	58.00	1313
俄罗斯平面几何问题集	2009—08	88.00	55
俄罗斯立体几何问题集	2014—03	58.00	283
俄罗斯几何大师——沙雷金论数学及其他	2014—01	48.00	271
来自俄罗斯的5000道几何习题及解答	2011—03	58.00	89
俄罗斯初等数学问题集	2012—05	38.00	177
俄罗斯函数问题集	2011—03	38.00	103
俄罗斯组合分析问题集	2011—01	48.00	79
俄罗斯初等数学万题选——三角卷	2012—11	38.00	222
俄罗斯初等数学万题选——代数卷	2013—08	68.00	225
俄罗斯初等数学万题选——几何卷	2014—01	68.00	226
俄罗斯《量子》杂志数学征解问题100题选	2018—08	48.00	969
俄罗斯《量子》杂志数学征解问题又100题选	2018—08	48.00	970
俄罗斯《量子》杂志数学征解问题	2020—05	48.00	1138
463个俄罗斯几何老问题	2012—01	28.00	152
《量子》数学短文精粹	2018—09	38.00	972
用三角、解析几何等计算解来自俄罗斯的几何题	2019—11	88.00	1119
基谢廖夫平面几何	2022—01	48.00	1461
基谢廖夫立体几何	2023—04	48.00	1599
数学:代数、数学分析和几何(10—11年级)	2021—01	48.00	1250
直观几何学:5—6年级	2022—04	58.00	1508
几何学:第2版.7—9年级	2023—08	68.00	1684
平面几何:9—11年级	2022—10	48.00	1571
立体几何.10—11年级	2022—01	58.00	1472
谈谈素数	2011—03	18.00	91
平方和	2011—03	18.00	92
整数论	2011—05	38.00	120
从整数谈起	2015—10	28.00	538
数与多项式	2016—01	38.00	558
谈谈不定方程	2011—05	28.00	119
质数漫谈	2022—07	68.00	1529
解析不等式新论	2009—06	68.00	48
建立不等式的方法	2011—03	98.00	104
数学奥林匹克不等式研究(第2版)	2020—07	68.00	1181
不等式研究(第三辑)	2023—08	198.00	1673
不等式的秘密(第一卷)(第2版)	2014—02	38.00	286
不等式的秘密(第二卷)	2014—01	38.00	268
初等不等式的证明方法	2010—06	38.00	123
初等不等式的证明方法(第二版)	2014—11	38.00	407
不等式·理论·方法(基础卷)	2015—07	38.00	496
不等式·理论·方法(经典不等式卷)	2015—07	38.00	497
不等式·理论·方法(特殊类型不等式卷)	2015—07	48.00	498
不等式探究	2016—03	38.00	582
不等式探秘	2017—01	88.00	689
四面体不等式	2017—01	68.00	715
数学奥林匹克中常见重要不等式	2017—09	38.00	845

刘培杰数学工作室
已出版(即将出版)图书目录——初等数学

书　　名	出版时间	定　价	编号
三正弦不等式	2018—09	98.00	974
函数方程与不等式:解法与稳定性结果	2019—04	68.00	1058
数学不等式.第1卷,对称多项式不等式	2022—05	78.00	1455
数学不等式.第2卷,对称有理与对称无理不等式	2022—05	88.00	1456
数学不等式.第3卷,循环不等式与非循环不等式	2022—05	88.00	1457
数学不等式.第4卷,Jensen不等式的扩展与加细	2022—05	88.00	1458
数学不等式.第5卷,创建不等式与解不等式的其他方法	2022—05	88.00	1459
不定方程及其应用.上	2018—12	58.00	992
不定方程及其应用.中	2019—01	78.00	993
不定方程及其应用.下	2019—02	98.00	994
Nesbitt不等式加强式的研究	2022—06	128.00	1527
最值定理与分析不等式	2023—02	78.00	1567
一类积分不等式	2023—02	88.00	1579
邦费罗尼不等式及概率应用	2023—05	58.00	1637
同余理论	2012—05	38.00	163
$[x]$与$\{x\}$	2015—04	48.00	476
极值与最值.上卷	2015—06	28.00	486
极值与最值.中卷	2015—06	38.00	487
极值与最值.下卷	2015—06	28.00	488
整数的性质	2012—11	38.00	192
完全平方数及其应用	2015—08	78.00	506
多项式理论	2015—10	88.00	541
奇数、偶数、奇偶分析法	2018—01	98.00	876
历届美国中学生数学竞赛试题及解答(第一卷)1950—1954	2014—07	18.00	277
历届美国中学生数学竞赛试题及解答(第二卷)1955—1959	2014—04	18.00	278
历届美国中学生数学竞赛试题及解答(第三卷)1960—1964	2014—06	18.00	279
历届美国中学生数学竞赛试题及解答(第四卷)1965—1969	2014—04	28.00	280
历届美国中学生数学竞赛试题及解答(第五卷)1970—1972	2014—06	18.00	281
历届美国中学生数学竞赛试题及解答(第六卷)1973—1980	2017—07	18.00	768
历届美国中学生数学竞赛试题及解答(第七卷)1981—1986	2015—01	18.00	424
历届美国中学生数学竞赛试题及解答(第八卷)1987—1990	2017—05	18.00	769
历届国际数学奥林匹克试题集	2023—09	158.00	1701
历届中国数学奥林匹克试题集(第3版)	2021—10	58.00	1440
历届加拿大数学奥林匹克试题集	2012—08	38.00	215
历届美国数学奥林匹克试题集	2023—08	98.00	1681
历届波兰数学竞赛试题集.第1卷,1949~1963	2015—03	18.00	453
历届波兰数学竞赛试题集.第2卷,1964~1976	2015—03	18.00	454
历届巴尔干数学奥林匹克试题集	2015—05	38.00	466
保加利亚数学奥林匹克	2014—10	38.00	393
圣彼得堡数学奥林匹克试题集	2015—01	38.00	429
匈牙利奥林匹克数学竞赛题解.第1卷	2016—05	28.00	593
匈牙利奥林匹克数学竞赛题解.第2卷	2016—05	28.00	594
历届美国数学邀请赛试题集(第2版)	2017—10	78.00	851
普林斯顿大学数学竞赛	2016—06	38.00	669
亚太地区数学奥林匹克竞赛题	2015—07	18.00	492
日本历届(初级)广中杯数学竞赛试题及解答.第1卷(2000~2007)	2016—05	28.00	641
日本历届(初级)广中杯数学竞赛试题及解答.第2卷(2008~2015)	2016—05	38.00	642
越南数学奥林匹克选:1962—2009	2021—07	48.00	1370
360个数学竞赛问题	2016—08	58.00	677
奥数最佳实战题.上卷	2017—06	38.00	760
奥数最佳实战题.下卷	2017—05	58.00	761
哈尔滨市早期中学数学竞赛试题汇编	2016—07	28.00	672
全国高中数学联赛试题及解答:1981—2019(第4版)	2020—07	138.00	1176
2022年全国高中数学联合竞赛模拟题集	2022—06	30.00	1521

刘培杰数学工作室
已出版(即将出版)图书目录——初等数学

书　名	出版时间	定价	编号
20世纪50年代全国部分城市数学竞赛试题汇编	2017—07	28.00	797
国内外数学竞赛题及精解:2018～2019	2020—08	45.00	1192
国内外数学竞赛题及精解:2019～2020	2021—11	58.00	1439
许康华竞赛优学精选集.第一辑	2018—08	68.00	949
天问叶班数学问题征解100题.Ⅰ,2016—2018	2019—05	88.00	1075
天问叶班数学问题征解100题.Ⅱ,2017—2019	2020—07	98.00	1177
美国初中数学竞赛:AMC8准备(共6卷)	2019—07	138.00	1089
美国高中数学竞赛:AMC10准备(共6卷)	2019—08	158.00	1105
王连笑教你怎样学数学:高考选择题解题策略与客观题实用训练	2014—01	48.00	262
王连笑教你怎样学数学:高考数学高层次讲座	2015—02	48.00	432
高考数学的理论与实践	2009—08	38.00	53
高考数学核心题型解题方法与技巧	2010—01	28.00	86
高考思维新平台	2014—03	38.00	259
高考数学压轴题解题诀窍(上)(第2版)	2018—01	58.00	874
高考数学压轴题解题诀窍(下)(第2版)	2018—01	48.00	875
北京市五区文科数学三年高考模拟题详解:2013～2015	2015—08	48.00	500
北京市五区理科数学三年高考模拟题详解:2013～2015	2015—09	68.00	505
向量法巧解数学高考题	2009—08	28.00	54
高中数学课堂教学的实践与反思	2021—11	48.00	791
数学高考参考	2016—01	78.00	589
新课程标准高考数学解答题各种题型解法指导	2020—08	78.00	1196
全国及各省市高考数学试题审题要津与解法研究	2015—02	48.00	450
高中数学章节起始课的教学研究与案例设计	2019—05	28.00	1064
新课标高考数学——五年试题分章详解(2007～2011)(上、下)	2011—10	78.00	140,141
全国中考数学压轴题审题要津与解法研究	2013—04	78.00	248
新编全国及各省市中考数学压轴题审题要津与解法研究	2014—05	58.00	342
全国及各省市5年中考数学压轴题审题要津与解法研究(2015版)	2015—04	58.00	462
中考数学专题总复习	2007—04	28.00	6
中考数学较难题常考题型解题方法与技巧	2016—09	48.00	681
中考数学难题常考题型解题方法与技巧	2016—09	48.00	682
中考数学中档题常考题型解题方法与技巧	2017—08	68.00	835
中考数学选择填空压轴好题妙解365	2024—01	80.00	1698
中考数学:三类重点考题的解法例析与习题	2020—04	48.00	1140
中小学数学的历史文化	2019—11	48.00	1124
初中平面几何百题多思创新解	2020—01	58.00	1125
初中数学中考备考	2020—01	58.00	1126
高考数学之九章演义	2019—08	68.00	1044
高考数学之难题谈笑间	2022—06	68.00	1519
化学可以这样学:高中化学知识方法智慧感悟疑难辨析	2019—07	58.00	1103
如何成为学习高手	2019—09	58.00	1107
高考数学:经典真题分类解析	2020—04	78.00	1134
高考数学解答题破解策略	2020—11	58.00	1221
从分析解题过程学解题:高考压轴题与竞赛题之关系探究	2020—08	88.00	1179
教学新思考:单元整体视角下的初中数学教学设计	2021—03	58.00	1278
思维再拓展:2020年经典几何题的多解探究与思考	即将出版		1279
中考数学小压轴汇编初讲	2017—07	48.00	788
中考数学大压轴专题微言	2017—09	48.00	846
怎么解中考平面几何探索题	2019—06	48.00	1093
北京中考数学压轴题解题方法突破(第9版)	2024—01	78.00	1645
助你高考成功的数学解题智慧:知识是智慧的基础	2016—01	58.00	596
助你高考成功的数学解题智慧:错误是智慧的试金石	2016—04	58.00	643
助你高考成功的数学解题智慧:方法是智慧的推手	2016—04	68.00	657
高考数学奇思妙解	2016—04	38.00	610
高考数学解题策略	2016—05	48.00	670
数学解题泄天机(第2版)	2017—10	48.00	850

刘培杰数学工作室
已出版(即将出版)图书目录——初等数学

书　名	出版时间	定价	编号
高中物理教学讲义	2018—01	48.00	871
高中物理教学讲义.全模块	2022—03	98.00	1492
高中物理答疑解惑65篇	2021—11	48.00	1462
中学物理基础问题解析	2020—08	48.00	1183
初中数学、高中数学脱节知识补缺教材	2017—06	48.00	766
高考数学客观题解题方法和技巧	2017—10	38.00	847
十年高考数学精品试题审题要津与解法研究	2021—10	98.00	1427
中国历届高考数学试题及解答.1949—1979	2018—01	38.00	877
历届中国高考数学试题及解答.第二卷,1980—1989	2018—10	28.00	975
历届中国高考数学试题及解答.第三卷,1990—1999	2018—10	48.00	976
跟我学解高中数学题	2018—07	58.00	926
中学数学研究的方法及案例	2018—05	58.00	869
高考数学抢分技能	2018—07	68.00	934
高一新生常用数学方法和重要数学思想提升教材	2018—06	38.00	921
高考数学全国卷六道解答题常考题型解题诀窍：理科(全2册)	2019—07	78.00	1101
高考数学全国卷16道选择、填空题常考题型解题诀窍.理科	2018—09	88.00	971
高考数学全国卷16道选择、填空题常考题型解题诀窍.文科	2020—01	88.00	1123
高中数学一题多解	2019—06	58.00	1087
历届中国高考数学试题及解答：1917—1999	2021—08	98.00	1371
2000～2003年全国及各省市高考数学试题及解答	2022—05	88.00	1499
2004年全国及各省市高考数学试题及解答	2023—08	78.00	1500
2005年全国及各省市高考数学试题及解答	2023—08	78.00	1501
2006年全国及各省市高考数学试题及解答	2023—08	88.00	1502
2007年全国及各省市高考数学试题及解答	2023—08	98.00	1503
2008年全国及各省市高考数学试题及解答	2023—08	88.00	1504
2009年全国及各省市高考数学试题及解答	2023—08	88.00	1505
2010年全国及各省市高考数学试题及解答	2023—08	98.00	1506
2011～2017年全国及各省市高考数学试题及解答	2024—01	78.00	1507
突破高原：高中数学解题思维探究	2021—08	48.00	1375
高考数学中的"取值范围"	2021—10	48.00	1429
新课程标准高中数学各种题型解法大全.必修一分册	2021—06	58.00	1315
新课程标准高中数学各种题型解法大全.必修二分册	2022—01	68.00	1471
高中数学各种题型解法大全.选择性必修一分册	2022—06	68.00	1525
高中数学各种题型解法大全.选择性必修二分册	2023—01	58.00	1600
高中数学各种题型解法大全.选择性必修三分册	2023—04	48.00	1643
历届全国初中数学竞赛经典试题详解	2023—04	88.00	1624
孟祥礼高考数学精刷精解	2023—06	98.00	1663

新编640个世界著名数学智力趣题	2014—01	88.00	242
500个最新世界著名数学智力趣题	2008—06	48.00	3
400个最新世界著名数学最值问题	2008—09	48.00	36
500个世界著名数学征解问题	2009—06	48.00	52
400个中国最佳初等数学征解老问题	2010—01	48.00	60
500个俄罗斯数学经典老题	2011—01	28.00	81
1000个国外中学物理好题	2012—04	48.00	174
300个日本高考数学题	2012—05	38.00	142
700个早期日本高考数学试题	2017—02	88.00	752
500个前苏联早期高考数学试题及解答	2012—05	28.00	185
546个早期俄罗斯大学生数学竞赛题	2014—03	38.00	285
548个来自美苏的数学好问题	2014—11	28.00	396
20所苏联著名大学早期入学试题	2015—02	18.00	452
161道德国工科大学生必做的微分方程习题	2015—05	28.00	469
500个德国工科大学生必做的高数习题	2015—06	28.00	478
360个数学竞赛问题	2016—08	58.00	677
200个趣味数学故事	2018—02	48.00	857
470个数学奥林匹克中的最值问题	2018—10	88.00	985
德国讲义日本考题.微积分卷	2015—04	48.00	456
德国讲义日本考题.微分方程卷	2015—04	38.00	457
二十世纪中叶中、英、美、日、法、俄高考数学试题精选	2017—06	38.00	783

— 6 —

刘培杰数学工作室
已出版(即将出版)图书目录——初等数学

书 名	出版时间	定 价	编号
中国初等数学研究 2009卷(第1辑)	2009—05	20.00	45
中国初等数学研究 2010卷(第2辑)	2010—05	30.00	68
中国初等数学研究 2011卷(第3辑)	2011—07	60.00	127
中国初等数学研究 2012卷(第4辑)	2012—07	48.00	190
中国初等数学研究 2014卷(第5辑)	2014—02	48.00	288
中国初等数学研究 2015卷(第6辑)	2015—06	68.00	493
中国初等数学研究 2016卷(第7辑)	2016—04	68.00	609
中国初等数学研究 2017卷(第8辑)	2017—01	98.00	712
初等数学研究在中国.第1辑	2019—03	158.00	1024
初等数学研究在中国.第2辑	2019—10	158.00	1116
初等数学研究在中国.第3辑	2021—05	158.00	1306
初等数学研究在中国.第4辑	2022—06	158.00	1520
初等数学研究在中国.第5辑	2023—07	158.00	1635
几何变换(Ⅰ)	2014—07	28.00	353
几何变换(Ⅱ)	2015—06	28.00	354
几何变换(Ⅲ)	2015—01	38.00	355
几何变换(Ⅳ)	2015—12	38.00	356
初等数论难题集(第一卷)	2009—05	68.00	44
初等数论难题集(第二卷)(上、下)	2011—02	128.00	82,83
数论概貌	2011—03	18.00	93
代数数论(第二版)	2013—08	58.00	94
代数多项式	2014—06	38.00	289
初等数论的知识与问题	2011—02	28.00	95
超越数论基础	2011—03	28.00	96
数论初等教程	2011—03	28.00	97
数论基础	2011—03	18.00	98
数论基础与维诺格拉多夫	2014—03	18.00	292
解析数论基础	2012—08	28.00	216
解析数论基础(第二版)	2014—01	48.00	287
解析数论问题集(第二版)(原版引进)	2014—05	88.00	343
解析数论问题集(第二版)(中译本)	2016—04	88.00	607
解析数论基础(潘承洞,潘承彪著)	2016—07	98.00	673
解析数论导引	2016—07	58.00	674
数论入门	2011—03	38.00	99
代数数论入门	2015—03	38.00	448
数论开篇	2012—07	28.00	194
解析数论引论	2011—03	48.00	100
Barban Davenport Halberstam 均值和	2009—01	40.00	33
基础数论	2011—03	28.00	101
初等数论100例	2011—05	18.00	122
初等数论经典例题	2012—07	18.00	204
最新世界各国数学奥林匹克中的初等数论试题(上、下)	2012—01	138.00	144,145
初等数论(Ⅰ)	2012—01	18.00	156
初等数论(Ⅱ)	2012—01	18.00	157
初等数论(Ⅲ)	2012—01	28.00	158

刘培杰数学工作室
已出版(即将出版)图书目录——初等数学

书　名	出版时间	定　价	编号
平面几何与数论中未解决的新老问题	2013—01	68.00	229
代数数论简史	2014—11	28.00	408
代数数论	2015—09	88.00	532
代数、数论及分析习题集	2016—11	98.00	695
数论导引提要及习题解答	2016—01	48.00	559
素数定理的初等证明.第2版	2016—09	48.00	686
数论中的模函数与狄利克雷级数(第二版)	2017—11	78.00	837
数论:数学导引	2018—01	68.00	849
范氏大代数	2019—02	98.00	1016
解析数学讲义.第一卷,导来式及微分、积分、级数	2019—04	88.00	1021
解析数学讲义.第二卷,关于几何的应用	2019—04	68.00	1022
解析数学讲义.第三卷,解析函数论	2019—04	78.00	1023
分析·组合·数论纵横谈	2019—04	58.00	1039
Hall代数:民国时期的中学数学课本;英文	2019—08	88.00	1106
基谢廖夫初等代数	2022—07	38.00	1531
数学精神巡礼	2019—01	58.00	731
数学眼光透视(第2版)	2017—06	78.00	732
数学思想领悟(第2版)	2018—01	68.00	733
数学方法溯源(第2版)	2018—08	68.00	734
数学解题引论	2017—05	58.00	735
数学史话览胜(第2版)	2017—01	48.00	736
数学应用展观(第2版)	2017—08	68.00	737
数学建模尝试	2018—04	48.00	738
数学竞赛采风	2018—01	68.00	739
数学测评探营	2019—05	58.00	740
数学技能操握	2018—03	48.00	741
数学欣赏拾趣	2018—02	48.00	742
从毕达哥拉斯到怀尔斯	2007—10	48.00	9
从迪利克雷到维斯卡尔迪	2008—01	48.00	21
从哥德巴赫到陈景润	2008—05	98.00	35
从庞加莱到佩雷尔曼	2011—08	138.00	136
博弈论精粹	2008—03	58.00	30
博弈论精粹.第二版(精装)	2015—01	88.00	461
数学 我爱你	2008—01	28.00	20
精神的圣徒　别样的人生——60位中国数学家成长的历程	2008—09	48.00	39
数学史概论	2009—06	78.00	50
数学史概论(精装)	2013—03	158.00	272
数学史选讲	2016—01	48.00	544
斐波那契数列	2010—02	28.00	65
数学拼盘和斐波那契魔方	2010—07	38.00	72
斐波那契数列欣赏(第2版)	2018—08	58.00	948
Fibonacci数列中的明珠	2018—06	58.00	928
数学的创造	2011—02	48.00	85
数学美与创造力	2016—01	48.00	595
数海拾贝	2016—01	48.00	590
数学中的美(第2版)	2019—04	68.00	1057
数论中的美学	2014—12	38.00	351

— 8 —

刘培杰数学工作室
已出版(即将出版)图书目录——初等数学

书 名	出版时间	定 价	编号
数学王者 科学巨人——高斯	2015—01	28.00	428
振兴祖国数学的圆梦之旅:中国初等数学研究史话	2015—06	98.00	490
二十世纪中国数学史料研究	2015—10	48.00	536
数字谜、数阵图与棋盘覆盖	2016—01	58.00	298
数学概念的进化:一个初步的研究	2023—07	68.00	1683
数学发现的艺术:数学探索中的合情推理	2016—07	58.00	671
活跃在数学中的参数	2016—07	48.00	675
数海趣史	2021—05	98.00	1314
玩转幻中之幻	2023—08	88.00	1682
数学艺术品	2023—09	98.00	1685
数学博弈与游戏	2023—10	68.00	1692
数学解题——靠数学思想给力(上)	2011—07	38.00	131
数学解题——靠数学思想给力(中)	2011—07	48.00	132
数学解题——靠数学思想给力(下)	2011—07	38.00	133
我怎样解题	2013—01	48.00	227
数学解题中的物理方法	2011—06	28.00	114
数学解题的特殊方法	2011—06	48.00	115
中学数学计算技巧(第2版)	2020—10	48.00	1220
中学数学证明方法	2012—01	58.00	117
数学趣题巧解	2012—03	28.00	128
高中数学教学通鉴	2015—05	58.00	479
和高中生漫谈:数学与哲学的故事	2014—08	28.00	369
算术问题集	2017—03	38.00	789
张教授讲数学	2018—07	38.00	933
陈永明实话实说数学教学	2020—04	68.00	1132
中学数学学科知识与教学能力	2020—06	58.00	1155
怎样把课讲好:大罕数学教学随笔	2022—03	58.00	1484
中国高考评价体系下高考数学探秘	2022—03	48.00	1487
数苑漫步	2024—01	58.00	1670
自主招生考试中的参数方程问题	2015—01	28.00	435
自主招生考试中的极坐标问题	2015—04	28.00	463
近年全国重点大学自主招生数学试题全解及研究.华约卷	2015—02	38.00	441
近年全国重点大学自主招生数学试题全解及研究.北约卷	2016—05	38.00	619
自主招生数学解证宝典	2015—09	48.00	535
中国科学技术大学创新班数学真题解析	2022—03	48.00	1488
中国科学技术大学创新班物理真题解析	2022—03	58.00	1489
格点和面积	2012—07	18.00	191
射影几何趣谈	2012—04	28.00	175
斯潘纳尔引理——从一道加拿大数学奥林匹克试题谈起	2014—01	28.00	228
李普希兹条件——从几道近年高考数学试题谈起	2012—10	18.00	221
拉格朗日中值定理——从一道北京高考试题的解法谈起	2015—10	18.00	197
闵科夫斯基定理——从一道清华大学自主招生试题谈起	2014—01	28.00	198
哈尔测度——从一道冬令营试题的背景谈起	2012—08	28.00	202
切比雪夫逼近问题——从一道中国台北数学奥林匹克试题谈起	2013—04	38.00	238
伯恩斯坦多项式与贝齐尔曲面——从一道全国高中数学联赛试题谈起	2013—03	38.00	236
卡塔兰猜想——从一道普特南竞赛试题谈起	2013—06	18.00	256
麦卡锡函数和阿克曼函数——从一道前南斯拉夫数学奥林匹克试题谈起	2012—08	18.00	201
贝蒂定理与拉姆贝克莫斯尔定理——从一个拣石子游戏谈起	2012—08	18.00	217
皮亚诺曲线和豪斯道夫分球定理——从无限集谈起	2012—08	18.00	211
平面凸图形与凸多面体	2012—10	28.00	218
斯坦因豪斯问题——从一道二十五省市自治区中学数学竞赛试题谈起	2012—07	18.00	196

刘培杰数学工作室
已出版（即将出版）图书目录——初等数学

书　名	出版时间	定　价	编号
纽结理论中的亚历山大多项式与琼斯多项式——从一道北京市高一数学竞赛试题谈起	2012—07	28.00	195
原则与策略——从波利亚"解题表"谈起	2013—04	38.00	244
转化与化归——从三大尺规作图不能问题谈起	2012—08	28.00	214
代数几何中的贝祖定理(第一版)——从一道 IMO 试题的解法谈起	2013—08	18.00	193
成功连贯理论与约当块理论——从一道比利时数学竞赛试题谈起	2012—04	18.00	180
素数判定与大数分解	2014—08	18.00	199
置换多项式及其应用	2012—10	18.00	220
椭圆函数与模函数——从一道美国加州大学洛杉矶分校(UCLA)博士资格考题谈起	2012—10	28.00	219
差分方程的拉格朗日方法——从一道 2011 年全国高考理科试题的解法谈起	2012—08	28.00	200
力学在几何中的一些应用	2013—01	38.00	240
从根式解到伽罗华理论	2020—01	48.00	1121
康托洛维奇不等式——从一道全国高中联赛试题谈起	2013—03	28.00	337
西格尔引理——从一道第 18 届 IMO 试题的解法谈起	即将出版		
罗斯定理——从一道前苏联数学竞赛试题谈起	即将出版		
拉克斯定理和阿廷定理——从一道 IMO 试题的解法谈起	2014—01	58.00	246
毕卡大定理——从一道美国大学数学竞赛试题谈起	2014—07	18.00	350
贝齐尔曲线——从一道全国高中联赛试题谈起	即将出版		
拉格朗日乘子定理——从一道 2005 年全国高中联赛试题的高等数学解法谈起	2015—05	28.00	480
雅可比定理——从一道日本数学奥林匹克试题谈起	2013—04	48.00	249
李天岩－约克定理——从一道波兰数学竞赛试题谈起	2014—06	28.00	349
受控理论与初等不等式：从一道 IMO 试题的解法谈起	2023—03	48.00	1601
布劳维不动点定理——从一道前苏联数学奥林匹克试题谈起	2014—01	38.00	273
伯恩赛德定理——从一道英国数学奥林匹克试题谈起	即将出版		
布查特－莫斯特定理——从一道上海市初中竞赛试题谈起	即将出版		
数论中的同余数问题——从一道普林南竞赛试题谈起	即将出版		
范·德蒙行列式——从一道美国数学奥林匹克试题谈起	即将出版		
中国剩余定理：总数法构建中国历史年表	2015—01	28.00	430
牛顿程序与方程求根——从一道全国高考试题解法谈起	即将出版		
库默尔定理——从一道 IMO 预选试题谈起	即将出版		
卢丁定理——从一道冬令营试题的解法谈起	即将出版		
沃斯滕霍姆定理——从一道 IMO 预选试题谈起	即将出版		
卡尔松不等式——从一道莫斯科数学奥林匹克试题谈起	即将出版		
信息论中的香农熵——从一道近年高考压轴题谈起	即将出版		
约当不等式——从一道希望杯竞赛试题谈起	即将出版		
拉比诺维奇定理	即将出版		
刘维尔定理——从一道《美国数学月刊》征解问题的解法谈起	即将出版		
卡塔兰恒等式与级数求和——从一道 IMO 试题的解法谈起	即将出版		
勒让德猜想与素数分布——从一道爱尔兰竞赛试题谈起	即将出版		
天平称重与信息论——从一道基辅市数学奥林匹克试题谈起	即将出版		
哈密尔顿－凯莱定理：从一道高中数学联赛试题的解法谈起	2014—09	18.00	376
艾思特曼定理——从一道 CMO 试题的解法谈起	即将出版		

刘培杰数学工作室
已出版(即将出版)图书目录——初等数学

书　名	出版时间	定　价	编号
阿贝尔恒等式与经典不等式及应用	2018—06	98.00	923
迪利克雷除数问题	2018—07	48.00	930
幻方、幻立方与拉丁方	2019—08	48.00	1092
帕斯卡三角形	2014—03	18.00	294
蒲丰投针问题——从2009年清华大学的一道自主招生试题谈起	2014—01	38.00	295
斯图姆定理——从一道"华约"自主招生试题的解法谈起	2014—01	18.00	296
许瓦兹引理——从一道加利福尼亚大学伯克利分校数学系博士生试题谈起	2014—08	18.00	297
拉姆塞定理——从王诗宬院士的一个问题谈起	2016—04	48.00	299
坐标法	2013—12	28.00	332
数论三角形	2014—04	38.00	341
毕克定理	2014—07	18.00	352
数林掠影	2014—09	48.00	389
我们周围的概率	2014—10	38.00	390
凸函数最值定理:从一道华约自主招生题的解法谈起	2014—10	28.00	391
易学与数学奥林匹克	2014—10	38.00	392
生物数学趣谈	2015—01	18.00	409
反演	2015—01	28.00	420
因式分解与圆锥曲线	2015—01	18.00	426
轨迹	2015—01	28.00	427
面积原理:从常庚哲命的一道CMO试题的积分解法谈起	2015—01	48.00	431
形形色色的不动点定理:从一道28届IMO试题谈起	2015—01	38.00	439
柯西函数方程:从一道上海交大自主招生的试题谈起	2015—02	28.00	440
三角恒等式	2015—02	28.00	442
无理性判定:从一道2014年"北约"自主招生试题谈起	2015—01	38.00	443
数学归纳法	2015—03	18.00	451
极端原理与解题	2015—04	28.00	464
法雷级数	2014—08	18.00	367
摆线族	2015—01	38.00	438
函数方程及其解法	2015—05	38.00	470
含参数的方程和不等式	2012—09	28.00	213
希尔伯特第十问题	2016—01	38.00	543
无穷小量的求和	2016—01	28.00	545
切比雪夫多项式:从一道清华大学金秋营试题谈起	2016—01	38.00	583
泽肯多夫定理	2016—03	38.00	599
代数等式证题法	2016—01	28.00	600
三角等式证题法	2016—01	28.00	601
吴大任教授藏书中的一个因式分解公式:从一道美国数学邀请赛试题的解法谈起	2016—06	28.00	656
易卦——类万物的数学模型	2017—08	68.00	838
"不可思议"的数与数系可持续发展	2018—01	38.00	878
最短线	2018—01	38.00	879
数学在天文、地理、光学、机械力学中的一些应用	2023—03	88.00	1576
从阿基米德三角形谈起	2023—01	28.00	1578
幻方和魔方(第一卷)	2012—05	68.00	173
尘封的经典——初等数学经典文献选读(第一卷)	2012—07	48.00	205
尘封的经典——初等数学经典文献选读(第二卷)	2012—07	38.00	206
初级方程式论	2011—03	28.00	106
初等数学研究(Ⅰ)	2008—09	68.00	37
初等数学研究(Ⅱ)(上、下)	2009—05	118.00	46,47
初等数学专题研究	2022—10	68.00	1568

刘培杰数学工作室
已出版(即将出版)图书目录——初等数学

书　　名	出版时间	定　价	编号
趣味初等方程妙题集锦	2014—09	48.00	388
趣味初等数论选美与欣赏	2015—02	48.00	445
耕读笔记(上卷):一位农民数学爱好者的初数探索	2015—04	28.00	459
耕读笔记(中卷):一位农民数学爱好者的初数探索	2015—05	28.00	483
耕读笔记(下卷):一位农民数学爱好者的初数探索	2015—05	28.00	484
几何不等式研究与欣赏.上卷	2016—01	88.00	547
几何不等式研究与欣赏.下卷	2016—01	48.00	552
初等数列研究与欣赏·上	2016—01	48.00	570
初等数列研究与欣赏·下	2016—01	48.00	571
趣味初等函数研究与欣赏.上	2016—09	48.00	684
趣味初等函数研究与欣赏.下	2018—09	48.00	685
三角不等式研究与欣赏	2020—10	68.00	1197
新编平面解析几何解题方法研究与欣赏	2021—10	78.00	1426
火柴游戏(第2版)	2022—05	38.00	1493
智力解谜.第1卷	2017—07	38.00	613
智力解谜.第2卷	2017—07	38.00	614
故事智力	2016—07	48.00	615
名人们喜欢的智力问题	2020—01	48.00	616
数学大师的发现、创造与失误	2018—01	48.00	617
异曲同工	2018—09	48.00	618
数学的味道(第2版)	2023—10	68.00	1686
数学千字文	2018—10	68.00	977
数贝偶拾——高考数学题研究	2014—04	28.00	274
数贝偶拾——初等数学研究	2014—04	38.00	275
数贝偶拾——奥数题研究	2014—04	48.00	276
钱昌本教你快乐学数学(上)	2011—12	48.00	155
钱昌本教你快乐学数学(下)	2012—03	58.00	171
集合、函数与方程	2014—01	28.00	300
数列与不等式	2014—01	38.00	301
三角与平面向量	2014—01	28.00	302
平面解析几何	2014—01	38.00	303
立体几何与组合	2014—01	28.00	304
极限与导数、数学归纳法	2014—01	38.00	305
趣味数学	2014—03	28.00	306
教材教法	2014—04	68.00	307
自主招生	2014—05	58.00	308
高考压轴题(上)	2015—01	48.00	309
高考压轴题(下)	2014—10	68.00	310
从费马到怀尔斯——费马大定理的历史	2013—10	198.00	I
从庞加莱到佩雷尔曼——庞加莱猜想的历史	2013—10	298.00	II
从切比雪夫到爱尔特希(上)——素数定理的初等证明	2013—07	48.00	III
从切比雪夫到爱尔特希(下)——素数定理100年	2012—12	98.00	III
从高斯到盖尔方特——二次域的高斯猜想	2013—10	198.00	IV
从库默尔到朗兰兹——朗兰兹的历史	2014—01	98.00	V
从比勃巴赫到德布朗斯——比勃巴赫猜想的历史	2014—02	298.00	VI
从麦比乌斯到陈省身——麦比乌斯变换与麦比乌斯带	2014—02	298.00	VII
从布尔到豪斯道夫——布尔方程与格论漫谈	2013—10	198.00	VIII
从开普勒到阿诺德——三体问题的历史	2014—05	298.00	IX
从华林到华罗庚——华林问题的历史	2013—10	298.00	X

刘培杰数学工作室
已出版(即将出版)图书目录——初等数学

书　　名	出版时间	定　价	编号
美国高中数学竞赛五十讲.第1卷(英文)	2014—08	28.00	357
美国高中数学竞赛五十讲.第2卷(英文)	2014—08	28.00	358
美国高中数学竞赛五十讲.第3卷(英文)	2014—09	28.00	359
美国高中数学竞赛五十讲.第4卷(英文)	2014—09	28.00	360
美国高中数学竞赛五十讲.第5卷(英文)	2014—10	28.00	361
美国高中数学竞赛五十讲.第6卷(英文)	2014—11	28.00	362
美国高中数学竞赛五十讲.第7卷(英文)	2014—12	28.00	363
美国高中数学竞赛五十讲.第8卷(英文)	2015—01	28.00	364
美国高中数学竞赛五十讲.第9卷(英文)	2015—01	28.00	365
美国高中数学竞赛五十讲.第10卷(英文)	2015—02	38.00	366
三角函数(第2版)	2017—04	38.00	626
不等式	2014—01	38.00	312
数列	2014—01	38.00	313
方程(第2版)	2017—04	38.00	624
排列和组合	2014—01	28.00	315
极限与导数(第2版)	2016—04	38.00	635
向量(第2版)	2018—08	58.00	627
复数及其应用	2014—08	28.00	318
函数	2014—01	38.00	319
集合	2020—01	48.00	320
直线与平面	2014—01	28.00	321
立体几何(第2版)	2016—04	38.00	629
解三角形	即将出版		323
直线与圆(第2版)	2016—11	38.00	631
圆锥曲线(第2版)	2016—09	48.00	632
解题通法(一)	2014—07	38.00	326
解题通法(二)	2014—07	38.00	327
解题通法(三)	2014—05	38.00	328
概率与统计	2014—01	28.00	329
信息迁移与算法	即将出版		330
IMO 50年.第1卷(1959—1963)	2014—11	28.00	377
IMO 50年.第2卷(1964—1968)	2014—11	28.00	378
IMO 50年.第3卷(1969—1973)	2014—09	28.00	379
IMO 50年.第4卷(1974—1978)	2016—04	38.00	380
IMO 50年.第5卷(1979—1984)	2015—04	38.00	381
IMO 50年.第6卷(1985—1989)	2015—04	58.00	382
IMO 50年.第7卷(1990—1994)	2016—01	48.00	383
IMO 50年.第8卷(1995—1999)	2016—06	38.00	384
IMO 50年.第9卷(2000—2004)	2015—04	58.00	385
IMO 50年.第10卷(2005—2009)	2016—01	48.00	386
IMO 50年.第11卷(2010—2015)	2017—03	48.00	646

刘培杰数学工作室
已出版(即将出版)图书目录——初等数学

书　名	出版时间	定价	编号
数学反思(2006—2007)	2020—09	88.00	915
数学反思(2008—2009)	2019—01	68.00	917
数学反思(2010—2011)	2018—05	58.00	916
数学反思(2012—2013)	2019—01	58.00	918
数学反思(2014—2015)	2019—03	78.00	919
数学反思(2016—2017)	2021—03	58.00	1286
数学反思(2018—2019)	2023—01	88.00	1593
历届美国大学生数学竞赛试题集.第一卷(1938—1949)	2015—01	28.00	397
历届美国大学生数学竞赛试题集.第二卷(1950—1959)	2015—01	28.00	398
历届美国大学生数学竞赛试题集.第三卷(1960—1969)	2015—01	28.00	399
历届美国大学生数学竞赛试题集.第四卷(1970—1979)	2015—01	18.00	400
历届美国大学生数学竞赛试题集.第五卷(1980—1989)	2015—01	28.00	401
历届美国大学生数学竞赛试题集.第六卷(1990—1999)	2015—01	28.00	402
历届美国大学生数学竞赛试题集.第七卷(2000—2009)	2015—08	18.00	403
历届美国大学生数学竞赛试题集.第八卷(2010—2012)	2015—01	18.00	404
新课标高考数学创新题解题诀窍:总论	2014—09	28.00	372
新课标高考数学创新题解题诀窍:必修1~5分册	2014—08	38.00	373
新课标高考数学创新题解题诀窍:选修2—1,2—2,1—1,1—2分册	2014—09	38.00	374
新课标高考数学创新题解题诀窍:选修2—3,4—4,4—5分册	2014—09	18.00	375
全国重点大学自主招生英文数学试题全攻略:词汇卷	2015—07	48.00	410
全国重点大学自主招生英文数学试题全攻略:概念卷	2015—01	28.00	411
全国重点大学自主招生英文数学试题全攻略:文章选读卷(上)	2016—09	38.00	412
全国重点大学自主招生英文数学试题全攻略:文章选读卷(下)	2017—01	58.00	413
全国重点大学自主招生英文数学试题全攻略:试题卷	2015—07	38.00	414
全国重点大学自主招生英文数学试题全攻略:名著欣赏卷	2017—03	48.00	415
劳埃德数学趣题大全.题目卷.1:英文	2016—01	18.00	516
劳埃德数学趣题大全.题目卷.2:英文	2016—01	18.00	517
劳埃德数学趣题大全.题目卷.3:英文	2016—01	18.00	518
劳埃德数学趣题大全.题目卷.4:英文	2016—01	18.00	519
劳埃德数学趣题大全.题目卷.5:英文	2016—01	18.00	520
劳埃德数学趣题大全.答案卷:英文	2016—01	18.00	521
李成章教练奥数笔记.第1卷	2016—01	48.00	522
李成章教练奥数笔记.第2卷	2016—01	48.00	523
李成章教练奥数笔记.第3卷	2016—01	38.00	524
李成章教练奥数笔记.第4卷	2016—01	38.00	525
李成章教练奥数笔记.第5卷	2016—01	38.00	526
李成章教练奥数笔记.第6卷	2016—01	38.00	527
李成章教练奥数笔记.第7卷	2016—01	38.00	528
李成章教练奥数笔记.第8卷	2016—01	48.00	529
李成章教练奥数笔记.第9卷	2016—01	28.00	530

刘培杰数学工作室
已出版(即将出版)图书目录——初等数学

书　名	出版时间	定价	编号
第19~23届"希望杯"全国数学邀请赛试题审题要津详细评注(初一版)	2014—03	28.00	333
第19~23届"希望杯"全国数学邀请赛试题审题要津详细评注(初二、初三版)	2014—03	38.00	334
第19~23届"希望杯"全国数学邀请赛试题审题要津详细评注(高一版)	2014—03	28.00	335
第19~23届"希望杯"全国数学邀请赛试题审题要津详细评注(高二版)	2014—03	38.00	336
第19~25届"希望杯"全国数学邀请赛试题审题要津详细评注(初一版)	2015—01	38.00	416
第19~25届"希望杯"全国数学邀请赛试题审题要津详细评注(初二、初三版)	2015—01	58.00	417
第19~25届"希望杯"全国数学邀请赛试题审题要津详细评注(高一版)	2015—01	48.00	418
第19~25届"希望杯"全国数学邀请赛试题审题要津详细评注(高二版)	2015—01	48.00	419
物理奥林匹克竞赛大题典——力学卷	2014—11	48.00	405
物理奥林匹克竞赛大题典——热学卷	2014—04	28.00	339
物理奥林匹克竞赛大题典——电磁学卷	2015—07	48.00	406
物理奥林匹克竞赛大题典——光学与近代物理卷	2014—06	28.00	345
历届中国东南地区数学奥林匹克试题集(2004~2012)	2014—06	18.00	346
历届中国西部地区数学奥林匹克试题集(2001~2012)	2014—07	18.00	347
历届中国女子数学奥林匹克试题集(2002~2012)	2014—08	18.00	348
数学奥林匹克在中国	2014—06	98.00	344
数学奥林匹克问题集	2014—01	38.00	267
数学奥林匹克不等式散论	2010—06	38.00	124
数学奥林匹克不等式欣赏	2011—09	38.00	138
数学奥林匹克超级题库(初中卷上)	2010—01	58.00	66
数学奥林匹克不等式证明方法和技巧(上、下)	2011—08	158.00	134,135
他们学什么:原民主德国中学数学课本	2016—09	38.00	658
他们学什么:英国中学数学课本	2016—09	38.00	659
他们学什么:法国中学数学课本.1	2016—09	38.00	660
他们学什么:法国中学数学课本.2	2016—09	28.00	661
他们学什么:法国中学数学课本.3	2016—09	38.00	662
他们学什么:苏联中学数学课本	2016—09	28.00	679
高中数学题典——集合与简易逻辑·函数	2016—07	48.00	647
高中数学题典——导数	2016—07	48.00	648
高中数学题典——三角函数·平面向量	2016—07	48.00	649
高中数学题典——数列	2016—07	58.00	650
高中数学题典——不等式·推理与证明	2016—07	38.00	651
高中数学题典——立体几何	2016—07	48.00	652
高中数学题典——平面解析几何	2016—07	78.00	653
高中数学题典——计数原理·统计·概率·复数	2016—07	48.00	654
高中数学题典——算法·平面几何·初等数论·组合数学·其他	2016—07	68.00	655

刘培杰数学工作室
已出版(即将出版)图书目录——初等数学

书 名	出版时间	定 价	编号
台湾地区奥林匹克数学竞赛试题.小学一年级	2017—03	38.00	722
台湾地区奥林匹克数学竞赛试题.小学二年级	2017—03	38.00	723
台湾地区奥林匹克数学竞赛试题.小学三年级	2017—03	38.00	724
台湾地区奥林匹克数学竞赛试题.小学四年级	2017—03	38.00	725
台湾地区奥林匹克数学竞赛试题.小学五年级	2017—03	38.00	726
台湾地区奥林匹克数学竞赛试题.小学六年级	2017—03	38.00	727
台湾地区奥林匹克数学竞赛试题.初中一年级	2017—03	38.00	728
台湾地区奥林匹克数学竞赛试题.初中二年级	2017—03	38.00	729
台湾地区奥林匹克数学竞赛试题.初中三年级	2017—03	28.00	730
不等式证题法	2017—04	28.00	747
平面几何培优教程	2019—08	88.00	748
奥数鼎级培优教程.高一分册	2018—09	88.00	749
奥数鼎级培优教程.高二分册.上	2018—04	68.00	750
奥数鼎级培优教程.高二分册.下	2018—04	68.00	751
高中数学竞赛冲刺宝典	2019—04	68.00	883
初中尖子生数学超级题典.实数	2017—07	58.00	792
初中尖子生数学超级题典.式、方程与不等式	2017—08	58.00	793
初中尖子生数学超级题典.圆、面积	2017—08	38.00	794
初中尖子生数学超级题典.函数、逻辑推理	2017—08	48.00	795
初中尖子生数学超级题典.角、线段、三角形与多边形	2017—07	58.00	796
数学王子——高斯	2018—01	48.00	858
坎坷奇星——阿贝尔	2018—01	48.00	859
闪烁奇星——伽罗瓦	2018—01	58.00	860
无穷统帅——康托尔	2018—01	48.00	861
科学公主——柯瓦列夫斯卡娅	2018—01	48.00	862
抽象代数之母——埃米·诺特	2018—01	48.00	863
电脑先驱——图灵	2018—01	58.00	864
昔日神童——维纳	2018—01	48.00	865
数坛怪侠——爱尔特希	2018—01	68.00	866
传奇数学家徐利治	2019—09	88.00	1110
当代世界中的数学.数学思想与数学基础	2019—01	38.00	892
当代世界中的数学.数学问题	2019—01	38.00	893
当代世界中的数学.应用数学与数学应用	2019—01	38.00	894
当代世界中的数学.数学王国的新疆域(一)	2019—01	38.00	895
当代世界中的数学.数学王国的新疆域(二)	2019—01	38.00	896
当代世界中的数学.数林撷英(一)	2019—01	38.00	897
当代世界中的数学.数林撷英(二)	2019—01	48.00	898
当代世界中的数学.数学之路	2019—01	38.00	899

刘培杰数学工作室
已出版(即将出版)图书目录——初等数学

书 名	出版时间	定 价	编号
105个代数问题:来自AwesomeMath夏季课程	2019—02	58.00	956
106个几何问题:来自AwesomeMath夏季课程	2020—07	58.00	957
107个几何问题:来自AwesomeMath全年课程	2020—07	58.00	958
108个代数问题:来自AwesomeMath全年课程	2019—01	68.00	959
109个不等式:来自AwesomeMath夏季课程	2019—04	58.00	960
国际数学奥林匹克中的110个几何问题	即将出版		961
111个代数和数论问题	2019—05	58.00	962
112个组合问题:来自AwesomeMath夏季课程	2019—05	58.00	963
113个几何不等式:来自AwesomeMath夏季课程	2020—08	58.00	964
114个指数和对数问题:来自AwesomeMath夏季课程	2019—09	48.00	965
115个三角问题:来自AwesomeMath夏季课程	2019—09	58.00	966
116个代数不等式:来自AwesomeMath全年课程	2019—04	58.00	967
117个多项式问题:来自AwesomeMath夏季课程	2021—09	58.00	1409
118个数学竞赛不等式	2022—08	78.00	1526
紫色彗星国际数学竞赛试题	2019—02	58.00	999
数学竞赛中的数学:为数学爱好者、父母、教师和教练准备的丰富资源.第一部	2020—04	58.00	1141
数学竞赛中的数学:为数学爱好者、父母、教师和教练准备的丰富资源.第二部	2020—07	48.00	1142
和与积	2020—10	38.00	1219
数论:概念和问题	2020—12	68.00	1257
初等数学问题研究	2021—03	48.00	1270
数学奥林匹克中的欧几里得几何	2021—10	68.00	1413
数学奥林匹克题解新编	2022—01	58.00	1430
图论入门	2022—09	58.00	1554
新的、更新的、最新的不等式	2023—07	58.00	1650
数学竞赛中奇妙的多项式	2024—01	78.00	1646
120个奇妙的代数问题及20个奖励问题	2024—04	48.00	1647
澳大利亚中学数学竞赛试题及解答(初级卷)1978~1984	2019—02	28.00	1002
澳大利亚中学数学竞赛试题及解答(初级卷)1985~1991	2019—02	28.00	1003
澳大利亚中学数学竞赛试题及解答(初级卷)1992~1998	2019—02	28.00	1004
澳大利亚中学数学竞赛试题及解答(初级卷)1999~2005	2019—02	28.00	1005
澳大利亚中学数学竞赛试题及解答(中级卷)1978~1984	2019—03	28.00	1006
澳大利亚中学数学竞赛试题及解答(中级卷)1985~1991	2019—03	28.00	1007
澳大利亚中学数学竞赛试题及解答(中级卷)1992~1998	2019—03	28.00	1008
澳大利亚中学数学竞赛试题及解答(中级卷)1999~2005	2019—03	28.00	1009
澳大利亚中学数学竞赛试题及解答(高级卷)1978~1984	2019—05	28.00	1010
澳大利亚中学数学竞赛试题及解答(高级卷)1985~1991	2019—05	28.00	1011
澳大利亚中学数学竞赛试题及解答(高级卷)1992~1998	2019—05	28.00	1012
澳大利亚中学数学竞赛试题及解答(高级卷)1999~2005	2019—05	28.00	1013
天才中小学生智力测验题.第一卷	2019—03	38.00	1026
天才中小学生智力测验题.第二卷	2019—03	38.00	1027
天才中小学生智力测验题.第三卷	2019—03	38.00	1028
天才中小学生智力测验题.第四卷	2019—03	38.00	1029
天才中小学生智力测验题.第五卷	2019—03	38.00	1030
天才中小学生智力测验题.第六卷	2019—03	38.00	1031
天才中小学生智力测验题.第七卷	2019—03	38.00	1032
天才中小学生智力测验题.第八卷	2019—03	38.00	1033
天才中小学生智力测验题.第九卷	2019—03	38.00	1034
天才中小学生智力测验题.第十卷	2019—03	38.00	1035
天才中小学生智力测验题.第十一卷	2019—03	38.00	1036
天才中小学生智力测验题.第十二卷	2019—03	38.00	1037
天才中小学生智力测验题.第十三卷	2019—03	38.00	1038

刘培杰数学工作室
已出版(即将出版)图书目录——初等数学

书　名	出版时间	定　价	编号
重点大学自主招生数学备考全书:函数	2020—05	48.00	1047
重点大学自主招生数学备考全书:导数	2020—08	48.00	1048
重点大学自主招生数学备考全书:数列与不等式	2019—10	78.00	1049
重点大学自主招生数学备考全书:三角函数与平面向量	2020—08	68.00	1050
重点大学自主招生数学备考全书:平面解析几何	2020—07	58.00	1051
重点大学自主招生数学备考全书:立体几何与平面几何	2019—08	48.00	1052
重点大学自主招生数学备考全书:排列组合・概率统计・复数	2019—09	48.00	1053
重点大学自主招生数学备考全书:初等数论与组合数学	2019—08	48.00	1054
重点大学自主招生数学备考全书:重点大学自主招生真题.上	2019—04	68.00	1055
重点大学自主招生数学备考全书:重点大学自主招生真题.下	2019—04	58.00	1056
高中数学竞赛培训教程:平面几何问题的求解方法与策略.上	2018—05	68.00	906
高中数学竞赛培训教程:平面几何问题的求解方法与策略.下	2018—06	78.00	907
高中数学竞赛培训教程:整除与同余以及不定方程	2018—01	88.00	908
高中数学竞赛培训教程:组合计数与组合极值	2018—04	48.00	909
高中数学竞赛培训教程:初等代数	2019—04	78.00	1042
高中数学讲座:数学竞赛基础教程(第一册)	2019—06	48.00	1094
高中数学讲座:数学竞赛基础教程(第二册)	即将出版		1095
高中数学讲座:数学竞赛基础教程(第三册)	即将出版		1096
高中数学讲座:数学竞赛基础教程(第四册)	即将出版		1097
新编中学数学解题方法1000招丛书.实数(初中版)	2022—05	58.00	1291
新编中学数学解题方法1000招丛书.式(初中版)	2022—05	48.00	1292
新编中学数学解题方法1000招丛书.方程与不等式(初中版)	2021—04	58.00	1293
新编中学数学解题方法1000招丛书.函数(初中版)	2022—05	38.00	1294
新编中学数学解题方法1000招丛书.角(初中版)	2022—05	48.00	1295
新编中学数学解题方法1000招丛书.线段(初中版)	2022—05	48.00	1296
新编中学数学解题方法1000招丛书.三角形与多边形(初中版)	2021—04	48.00	1297
新编中学数学解题方法1000招丛书.圆(初中版)	2022—05	48.00	1298
新编中学数学解题方法1000招丛书.面积(初中版)	2021—07	28.00	1299
新编中学数学解题方法1000招丛书.逻辑推理(初中版)	2022—06	48.00	1300
高中数学题典精编.第一辑.函数	2022—01	58.00	1444
高中数学题典精编.第一辑.导数	2022—01	68.00	1445
高中数学题典精编.第一辑.三角函数・平面向量	2022—01	68.00	1446
高中数学题典精编.第一辑.数列	2022—01	58.00	1447
高中数学题典精编.第一辑.不等式・推理与证明	2022—01	58.00	1448
高中数学题典精编.第一辑.立体几何	2022—01	58.00	1449
高中数学题典精编.第一辑.平面解析几何	2022—01	68.00	1450
高中数学题典精编.第一辑.统计・概率・平面几何	2022—01	58.00	1451
高中数学题典精编.第一辑.初等数论・组合数学・数学文化・解题方法	2022—01	58.00	1452
历届全国初中数学竞赛试题分类解析.初等代数	2022—09	98.00	1555
历届全国初中数学竞赛试题分类解析.初等数论	2022—09	48.00	1556
历届全国初中数学竞赛试题分类解析.平面几何	2022—09	38.00	1557
历届全国初中数学竞赛试题分类解析.组合	2022—09	38.00	1558

刘培杰数学工作室
已出版(即将出版)图书目录——初等数学

书　名	出版时间	定　价	编号
从三道高三数学模拟题的背景谈起:兼谈傅里叶三角级数	2023—03	48.00	1651
从一道日本东京大学的入学试题谈起:兼谈 π 的方方面面	即将出版		1652
从两道2021年福建高三数学测试题谈起:兼谈球面几何学与球面三角学	即将出版		1653
从一道湖南高考数学试题谈起:兼谈有界变差数列	2024—01	48.00	1654
从一道高校自主招生试题谈起:兼谈詹森函数方程	即将出版		1655
从一道上海高考数学试题谈起:兼谈有界变差函数	即将出版		1656
从一道北京大学金秋营数学试题的解法谈起:兼谈伽罗瓦理论	即将出版		1657
从一道北京高考数学试题的解法谈起:兼谈毕克定理	即将出版		1658
从一道北京大学金秋营数学试题的解法谈起:兼谈帕塞瓦尔恒等式	即将出版		1659
从一道高三数学模拟测试题的背景谈起:兼谈等周问题与等周不等式	即将出版		1660
从一道2020年全国高考数学试题的解法谈起:兼谈斐波那契数列和纳卡穆拉定理及奥斯图达定理	即将出版		1661
从一道高考数学附加题谈起:兼谈广义斐波那契数列	即将出版		1662
代数学教程.第一卷,集合论	2023—08	58.00	1664
代数学教程.第二卷,抽象代数基础	2023—08	68.00	1665
代数学教程.第三卷,数论原理	2023—08	58.00	1666
代数学教程.第四卷,代数方程式论	2023—08	48.00	1667
代数学教程.第五卷,多项式理论	2023—08	58.00	1668

联系地址:哈尔滨市南岗区复华四道街10号　哈尔滨工业大学出版社刘培杰数学工作室
网　　址:http://lpj.hit.edu.cn/
邮　　编:150006
联系电话:0451—86281378　　13904613167
E-mail:lpj1378@163.com